Richard Gordon Smith

Die Schneegruft

Richard Gordon Smith

Die Schneegruft

und andere unheimliche Geschichten aus Japan

Aus dem Englischen übertragen und mit Anmerkungen versehen von
Klaus Lerch

Die deutsche Nationalbibliothek verzeichnet diese Publikation in der Deutschen Nationalbibliographie. Detaillierte bibliographische Daten sind im Internet über http://d-nb.de abrufbar.

ISBN 978-3-945058-31-2

Herstellung: Books on Demand GmbH, Norderstedt

Inhaltsverzeichnis

DIE SCHNEEGRUFT 7
DER GEISTERTEMPEL IN DER PROVINZ INABA 14
DER AUFMARSCH DER DÄMONEN 21
DAS KAP DES FRAUENSCHWERTES 24
DER SKELETTBERG 30
DAS GRAB DES FLÖTENGEISTES 37
DAS GEHEIMNIS DES TEICHS VON IIDAMACHI 44
YENOKIS GEIST 49
DER GEDENK-KIRSCHBAUM 56
DIE SCHNEEFRAU 61
DIE LOTOSGEISTER 67
DER KIRSCHBAUM DES JIROHEI IN KYOTO 73
WIEDERGEBURT 77
WIE MASAKUNI SEIN AUGENLICHT WIEDERERLANGTE 80
DER WEIN DES EWIGEN LEBENS 85
DIE TRAGÖDIE EINER STÜRMISCHEN NACHT 90
MENSCHLICHE LEUCHTKÄFER 97
EINE GESCHICHTE VON DEN OKI-INSELN 101
NACHWORT DES HERAUSGEBERS 110

雪の塚

Die Schneegruft

Die Geschichte erzählt von Rokugo Yakeiji, einem jungen Samurai, der es vor vielen Jahren mit seinen Schwertkünsten im Yagyu-Stil[1] zu großer Berühmtheit gebracht hatte. Mit seiner Tätigkeit als Assistent des Lehrmeisters verdiente er nicht weniger als dreißig Fässer Reis[2] im Monat, was ihn zu einem wohlhabenden Mann machte. Sein Haus lag in der Straße Minami-warigesui[3] in Yedos Stadtbezirk Honjo[4]. Sein Lehrer hieß Sudo Jirozaemon und die Schwertkampfschule befand sich in Ishiwaraku[5].

Trotz seiner Fähigkeiten war Rokugo keineswegs eingebildet. Es war seine jugendliche Bescheidenheit, gepaart mit Klugheit, die seinen Lehrer veranlasst hatte, den Zögling zum Assistenten zu machen. Die Ausbildungsstätte, die von mehr als einhundert Schülern besucht wurde, war eine der besten in Tokio.

Im Januar versammelten sich die Schüler, um das neue Jahr zu feiern. Am siebten Tag des Monats aßen sie Nanakusa[6], einen Reisbrei mit sieben Kräutern, wodurch alles Unheil für das kommende Jahr abgewendet werden sollte. Wie es Brauch war, erzählten sie sich bis in den späten Abend hinein Geistergeschichten, wobei jeder versuchte, eine aufregendere zu berichten als sein Vorredner. Um die Reihenfolge zu bestimmen, wurden Zahlen gezogen. In einer Hütte im hinteren Teil des Gartens standen einhundert Kerzen. Wenn einer seine Geschichte erzählt hatte, musste er eine davon holen und im Kreis der Zuhörer aufstellen. Dies ging so lange, bis der letzte seine Erzählung beendet hatte. Bei dieser Veranstaltung sollten diejenigen Schüler belehrt werden, die sagten, sie glaubten nicht an Geister und sie fürchteten sich vor nichts.

Endlich war Rokugo an der Reihe. Im Schein der Kerzen sprach er zu den Schülern:

„Liebe Freunde, hört meine Geschichte. Sie ist nicht sehr schauderhaft, aber sie ist wahr. Vor drei Jahren, als ich siebzehn war, schickte mich mein Vater nach Gifu in der Provinz Mino[7]. Auf dem Weg dorthin erreichte ich gegen zehn Uhr abends einen Ort namens Nakimura. Außerhalb des Dorfes, auf einem ungenutzten Stück Land, sah ich einen merkwürdigen Feuerball, der sich lautlos hin und her bewegte. Zeitweise kam er mir ziemlich nahe, flog dann aber wieder weg. Fast schien es, als würde er etwas suchen. Meist bewegte der leuchtende Ball sich fünf Fuß über dem Boden, manchmal sank er auch tiefer. Ich würde nicht sagen, dass ich Angst hatte, denn nach dem Vorfall ging ich zum Miyoshiya-Gasthaus und sogleich zu Bett, ohne zu erwähnen, was ich gesehen hatte. Dennoch kann ich euch versichern, dass ich sehr froh war, dort angekommen zu sein. Am nächsten Morgen trieb mich meine Neugier dazu, dem Wirt zu berichten, was ich gesehen hatte. Daraufhin erzählte er mir eine Geschichte: ‚Vor etwa zweihundert Jahren wurde hier eine große Schlacht geschlagen, bei der der General der unterlegenen Seite schon früh getötet wurde. Als seine Leute die Leiche fanden, stellten sie fest, dass der Kopf fehlte. Die Soldaten glaubten, einer der Feinde hätte ihn enthauptet und die Trophäe an sich genommen. Ein Krieger, der eifrig bemüht war, den Kopf seines Herrn auf dem Schlachtfeld zu finden, während die Kämpfe noch im Gange waren, wurde bei der Suche selbst erschlagen. Seit jenem Tag vor zweihundert Jahren taucht der Feuerball jeden Abend gegen zehn Uhr auf. Die Leute nennen diese Erscheinung Kubi sagashi no hi: das den Kopf suchende Feuer.‘ Als der Wirt des Gasthauses seine Erzählung beendet hatte, fühlte ich mich schaurig erregt, war es doch das erste Mal, dass ich eine geisterhafte Erscheinung gesehen hatte."

Die Schüler hatten der seltsamen Geschichte aufmerksam zugehört. Rokugo schlüpfte nun in seine Holzsandalen und machte sich auf den Weg, um seine Kerze zu holen. Er war noch nicht weit in den Garten gegangen, als er die Stimme einer Frau vernahm. Obwohl Schnee am Boden lag, der das Mondlicht reflektierte und den Garten erhellte, konnte er niemanden sehen. Rokugo war schon bei den Kerzen angekommen, als die Stimme erneut erklang. Er wandte sich um und erblickte eine wunderschöne Frau von etwa achtzehn Jahren. Sie trug prächtige Kleider und ihr Gürtel war im Tateyanojiri-Stil gebunden, das heißt wie ein aufrechter Pfeil in einem Köcher. Ihr Kimono war mit Fichten- und Bambusmustern geschmückt. Das Haar war im Shimada-Stil[8] geflochten. Rokugo erstarrte und sah sie verwundert und bewundernd an. Nach einiger Überlegung kam er zu dem Schluss, dass sie kein wirkliches Mädchen sein konnte.

„Nein, sie ist kein menschliches Wesen, es kann sich nur um einen Geist handeln. Welch eine Gelegenheit, mich vor all meinen Schülern zu profilieren!"

Als Rokugo dies sagte, zog er sein Schwert, das der berühmte Moriye Shinkai geschmiedet hatte. Mit einem einzigen senkrechten Hieb spaltete er der mädchenhaften Gestalt den Schädel und teilte ihren Körper in zwei Hälften. Dann rannte er zu der Hütte, ergriff eine Kerze und lief zurück zu dem Haus, in dem die Schüler auf ihn warteten. Er berichtete ihnen von seinem Erlebnis und forderte sie auf, den Geist in Augenschein zu nehmen. Die jungen Männer sahen sich betreten an, da keinem von ihnen an einer Begegnung mit einem echten Geist gelegen war. Nach einiger Zeit sprach ein Schüler namens Yamamoto Jonosuke, der mutiger war als die anderen: „Ich werde gehen". Und er sprang auf und lief in den Garten. Als die anderen dies sahen, überwanden sie ihre Ängste und folgten ihm.

Als sie an die Stelle kamen, an der der erschlagene Geist liegen sollte, fanden sie nur die Überreste eines Schneemanns, den sie selbst am Tage gebaut hatten. Dieser war von oben nach unten in zwei Hälften geschnitten, genau wie Rokugo es beschrieben hatte. Sie alle lachten laut, doch einige der jungen Samurai waren verärgert, denn sie dachten, ihr Lehrer wollte sie zum Narren halten. Als sie aber in das Haus zurückkehrten, merkten sie, dass dieser nicht gescherzt hatte. Noch immer saß Rokugo mit hochmütiger Miene da, in fester Überzeugung, dass seine Schüler ihn nun noch mehr als zuvor ob seiner Schwertkunst bewundern würden. Sie sahen Rokugo jedoch verächtlich an und sagten in spöttischem Ton: „In der Tat haben wir bemerkenswerte Beweise für Eure Fähigkeiten erhalten. Selbst ein kleiner Junge, der einen Hund mit Steinen verjagt, hätte den Mut gehabt, Eure Heldentat zu vollbringen!"

Rokugo wurde wütend und nannte sie unverschämt. Er verlor die Beherrschung als seine Hand den Schwertgriff fasste und er damit drohte, einen oder zwei von ihnen zu erschlagen.

Die Schüler entschuldigten sich für ihre Unhöflichkeit, fügten aber hinzu: „Euer Geist war nur der Schneemann, den wir heute Morgen selbst gebaut haben. Deshalb sagten wir, dass kein Kind sich davor fürchten muss, ihn anzugreifen."

Dies verwirrte Rokugo nun sehr, und er entschuldigte sich seinerseits für sein aufbrausendes Verhalten. Trotzdem war es ihm ein Rätsel, wie er den Schneemann mit einem weiblichen Geist verwechseln konnte. Verwirrt und beschämt bat er seine Schüler, nicht mehr über die Sache zu reden. Daraufhin verabschiedete er sich von ihnen und verließ das Haus.

Es hatte aufgehört zu schneien, aber die Erde war bereits dick mit Schnee bedeckt. Rokugo hatte eine Menge Sake genossen und sein Schritt war schwankend, als er sich auf den Weg nach Warigesui machte. Als er am Tor des Korinji-Tempels vorbeikam, bemerkte er eine Frau, die mit ungewöhnlicher Eile durch das Tempelgelände lief. Er blieb am Zaun stehen, um sie zu beobachten. Ihr Haar war zerzaust und ihre Kleider in Unordnung. Bald darauf erschien ein Mann, der sie mit einem Fleischermesser in der Hand verfolgte. Er ergriff sie und rief:

„Du sittenlose Frau! Du bist deinem armen Ehemann untreu geworden, daher musst du sterben, denn er ist mein Freund."

Der Mann töte sie mit fünf oder sechs Stichen in die Brust und entfernte sich dann. Als der junge Samurai seinen Heimweg fortsetzte, dachte er, der Mann, der die treulose Frau getötet hatte, müsse wirklich ein guter Freund des gehörnten Ehemanns gewesen sein. Rokugo war davon überzeugt, dass die sittenlose Gattin den Tod verdient hatte. Doch er war noch nicht weit gekommen, als die Frau, deren Tod er gerade beobachtet hatte, ihm plötzlich gegenüberstand. Sie schaute ihn aus wütenden Augen an und rief:

„Wie kann ein tapferer Samurai bei einer derart grausamen Tat untätig zusehen?"

Rokugo war sehr erstaunt und erwiderte: „Sprecht nicht zu mir, als wenn ich Euer Gatte wäre, denn ich bin es nicht. Ich habe mit Freude gesehen, dass Ihr getötet wurdet, denn Ihr wart untreu. In der Tat, wenn Ihr der Geist der sittenlosen Frau seid, werde ich auch Euch töten!" Doch bevor er sein Schwert ziehen konnte, war der Geist verschwunden.

Der junge Samurai setzte seinen Weg fort. Als er sich seinem Haus näherte, traf er auf eine Frau, die mit qualvoll verzerrtem Gesicht und gefletschten Zähnen auf ihn zukam.

Er hatte an diesem Abend schon genug Probleme mit Frauen gehabt. Es waren wohl alles Füchse, Wandelwesen, die die Gestalt von Frauen angenommen hatten.[9] So dachte er, als er die eben erschiene betrachtete und er erinnerte sich daran, was er über Fuchsfrauen gehört hatte: Das Licht, das von den Körpern von Füchsen oder Dachsen[10] ausgeht, die die Gestalt von Frauen oder Männern angenommen haben, soll so hell sein, dass man selbst in der dunkelsten Nacht die Farbe ihrer Haare oder sogar die Figuren erkennen kann, die in ihre Kleider gewebt sind.

Rokugo näherte sich der Frau ein wenig und tatsächlich konnte er das Muster ihres Kleides sehen, das sich zeigte, als wäre es von einem inneren Feuer beleuchtet.[11] Auch die Haare schimmerten in einem seltsamen Licht.

In der festen Überzeugung, dass es ein Fuchs war, mit dem er es zu tun hatte, zog Rokugo sein bestes Schwert[12], das berühmte vom Schwertschmied Moriye, und näherte sich seinem Gegner mit größter Vorsicht, wohlwissend, dass er den Fuchs selbst und nicht den Fuchsgeist besiegen musste. Denn es heißt, wenn sich ein Fuchs oder ein Dachs in eine menschliche Gestalt verwandelt, steht das wirkliche Wesen neben der Erscheinung. Wenn der Geist auf der linken Seite erscheint, so befindet sich das Tier selbst auf der rechten Seite. Rokugo führte seinen Angriff dementsprechend aus. So erschlug er den Fuchs und damit die Erscheinung.

Er lief zu seinem Haus und rief seine Verwandten, die ihm daraufhin mit Laternen in den Händen entgegenkamen. In der Nähe eines fast zweihundert Jahre alten Myrtenbaums fanden sie jedoch keinen Fuchs oder Dachs, sondern den toten Körper eines Otters[13]. Den Kadaver trugen sie nach Hause. Am folgenden Tag lud man alle Schüler der Schwertkampfschule ein, sich die Beute anzusehen. Rokugo veranstaltete ein großes Fest und seine Ehre war wieder hergestellt. Die Schüler errichteten ein Grab für das Tier. Es trägt den Namen Yukidzuka – die Schneegruft – und ist auch heute noch im Korinji-Tempel in Warigesui Honjo in Tokio zu sehen.

---

[1] Die Schwertkampfschule Yagyū Shinkage-ryū 柳生新陰流 wurde im 16. Jahrhundert von dem Samurai Kamiizumi Ise-no-kami Fujiwara-no-Nobutsuna 上泉伊勢守藤原信綱 gegründet. Der Name Yagyū stammt von der Familie, die die Schule später übernahm und über drei Generationen hinweg die Schwertkampflehrer für die Shōgune des Tokugawa-Clans 徳川氏 stellte. Die Schwertkunst der Yagyū-Schule passte sich den Waffen des Gegners an, im Gegensatz zu früheren Schwertschulen, die lehrten, eine Überlegenheit im Kampf zu erzwingen, ohne die Fähigkeiten und die Ausrüstung des Gegners zu berücksichtigen. Auch andere Parameter, wie die

Geographie des Geländes und die Tageszeit, wurden in der Yagyū-Schule bei der Kampfführung berücksichtigt.

2 In der Edo-Zeit (1603–1868) gab man den Sold der Samurai in Koku Reis an. Ein Koku 石 entspricht circa 180 Liter, was in etwa dem jährlichen Reisbedarf einer Person gleichkam.

3 Warigesui 割下水 war die Bezeichnung für einen um 1650 in Edo errichteten Abwasserkanal, der später zu einer Straße aufgefüllt wurde. Deren berühmtester Bewohner war der Meister der Farbholzschnitte Katsushika Hokusai 葛飾 北斎, der dort im Jahre 1760 geboren wurde. Seit 1994 wird die Straße auch Hokusai-dori genannt.

4 Der frühere Stadtbezirk Honjo 本所区 lag im Nordwesten von Edo. Bei der Gebietsreform im Jahre 1947 wurde er mit Mukojima 向島 zu dem heutigen Bezirk Sumida 墨田区 zusammengelegt.

5 Das Stadtviertel Ishiwara 石原 existiert noch heute. Ganz in der Nähe liegt die Hokusai-dori und das Japanische Schwertmuseum 刀剣博物館 am Sumida-Fluss 隅田川.

6 Traditionell beendet das Sieben-Kräuter-Fest, Nanakusa no Sekku 七草の節句, am 7. Januar die Neujahrsfeierlichkeiten in Japan. An diesem Tag wird zum Frühstück Nanakusa-gayu 七草粥, ein weicher Reisbrei mit sieben Kräutern, serviert, um dem durch die Feiertage belasteten Verdauungssystem Erholung zu verschaffen. Bei den sieben Kräutern handelt es sich um Wasserfenchel, Seri 芹, Hirtentäschelkraut, Nazuna 薺, Ruhrkraut, Gogyō 御形, Gewöhnliche Vogelmiere, Hakobera 繁縷, Rainkohl, Hotokenoza 仏の座, die Blätter der Steckrübe, Suzuna 菘 und die Blätter des Daikon-Rettichs, Suzushiro 蘿蔔.

7 Die im zentralen Teil der japanischen Hauptinsel Honshū 本州 gelegene historische Provinz Mino 美濃国 bestand im Wesentlichen aus dem südlichen Bereich der heutigen Präfektur Gifu 岐阜県. Die Stadt Gifu 岐阜市 war der Verwaltungssitz der Provinz Mino.

8 Die japanische Frisur Shimada-mage 島田髷, bei der das gesamte Haar zu einem einzigen Knoten an der Oberseite des Kopfes zusammengebunden wird, erlangte im 18. und 19. Jahrhundert besondere Popularität. Sie ist auch heute noch die bekannteste traditionelle japanische Damenfrisur. Es gibt mehrere Theorien über ihren Ursprung. So sagt man, dass sie erstmals von Prostituierten verwendet wurde, die in Shimada-juku 島田宿, der 23. Station der alten Tokaido-Route 東海道 nach Edo arbeiteten. Einer anderen Theorie nach geht die Frisur auf den Kabuki-Schauspieler Shimada Mankichi 島田万吉 (1624–1643) zurück.

[9] Im japanischen Volksglauben gehört der Fuchs, Kitsune 狐, zur Gruppe der Yōkai 妖怪. Diese dämonischen Fabelwesen besitzen übernatürliche Kräfte. Einige von ihnen können als Gestaltwandler ahnungslose Menschen täuschen und ins Verderben führen. Füchse treten dabei meist in Gestalt schöner junger Frauen auf. Aufgrund der weiten Verbreitung derartiger Erzählungen glaubte man im mittelalterlichen Japan tatsächlich, dass jede Frau, die einem in der Dämmerung oder in der Nacht alleine begegnet, ein Fuchs sein könnte. So gab es immer wieder Fälle, in denen Frauen verfolgt oder verstoßen wurden, weil man sie für verwandelte Füchse hielt. Die japanischen Fuchsgeister haben ihren Ursprung in der chinesischen Mythologie. Die früheste Erwähnung in der japanischen Literatur stammt aus der im 8. Jahrhundert zusammengestellten Chronik Nihonshoki 日本紀. Viele Geschichten über Fuchswesen sind auch in der Konjaku Monogatarishu 今昔物語集 enthalten, einer Sammlung chinesischer, indischer und japanischer Erzählungen aus dem 11. Jahrhundert. In der Edo-Zeit wurden Fuchsmotive zu einem beliebten Sujet des Kabuki-Theaters und der Ukiyo-e 浮世絵.

[10] Der japanische Dachs wird als Anaguma 穴熊 oder Mujina 貉 bezeichnet. In Mythen und Legenden wird dem Mujina, wie dem Fuchs, Kitsune 狐, und dem Marderhund, Tanuki 狸, die Fähigkeit zugeschrieben, menschliche Gestalt annehmen zu können.

[11] In einigen Legenden der Edo-Zeit wird über Fuchsgeister berichtet, deren Atem leuchtet. Auch sollen sie über die Fähigkeit verfügen, mit ihrer Schnauze oder ihren Schwänzen Feuer oder Blitze zu erzeugen. Diese Leuchterscheinungen werden als Fuchsfeuer, Kitsunebi 狐火, bezeichnet. Auch sagt man, dass Fuchsgeister diese Feuer verwenden, um Orte zu erleuchten, an denen es keine befestigten Wege gibt, um Menschen in abgelegene Gebiete zu locken.

[12] Samurai war es gestattet, gleichzeitig zwei Schwerter, Daishō 大小, mit sich zu führen. Das Langschwert, Katana 刀, wurde im Kampf meist zweihändig geführt. Das Kurzschwert, Wakizashi 脇差, wurde als Nahkampfwaffe in engen Räumen, aber auch zur rituellen Selbsttötung, Seppuku 切腹, oder auf dem Schlachtfeld zum Abtrennen der Köpfe getöteter Feinde verwendet.

[13] Auch der Flussotter, Kawauso 川獺, gehört im japanischen Volksglauben zur Gruppe der Yōkai, die in Gestalt junger Frauen auftreten können.

Der Geistertempel in der Provinz Inaba

Um das Jahr 1680 stand ein verfallener Tempel auf einem mit wilden Kiefern bewachsenen Berg in der Nähe des Dorfes Kisaichi in der Provinz Inaba[1]. Die Tempelanlage befand sich am Ende einer felsigen Schlucht, weit oben auf dem Weg zum Gipfel. Die Bäume waren so hoch und dicht, dass sie fast das gesamte Tageslicht fernhielten, selbst wenn die Sonne am höchsten stand. Solange sich die Dorfbewohner erinnern konnten, war der geweihte Ort von einem Shito Dama[2] und dem Skelettgeist[3] des ehemaligen Tempelvorstehers heimgesucht worden. Im Laufe der Jahre hatten viele Priester versucht, den Tempel zu übernehmen und dort einzuziehen, doch keiner von ihnen überlebte nur eine Nacht.

Im Winter des Jahres 1701 kam ein Priester namens Jogen in das Dorf Kisaichi. Er stammte aus der Provinz Kai[4] und hatte sich von dort aus auf eine Pilgerreise begeben.

Jogen hatte von dem heimgesuchten Tempel gehört. Er glaubte daran, dass menschliche Seelen in Form eines Shito Dama auf die Erde zurückkehren konnten und wollte das Rätsel des Bergtempels unbedingt lösen. Auch war die Aussicht verlockend, als Priester einen eigenen Tempel übernehmen zu können. Gerade dieser wilde vormals heilige Ort, der die Menschen durch Angst und Tod daran hinderte, ihn zu besuchen oder gar zu bewohnen, übte einen besonderen Reiz auf Jogen aus. An einem kalten Dezemberabend erreichte er das Dorf und ging direkt in das Wirtshaus, um beim Abendessen alles über den Gebirgstempel zu erfahren, was die Einheimischen wussten.

Jogen war kein Feigling, im Gegenteil, er war ein tapferer Mann. In aller Ruhe und Gelassenheit befragte er die verängstigten Dorfbewohner.

„Mein Herr“, sagte der Wirt, „ihr dürft nicht daran denken, den Tempel zu besuchen, denn das wäre Euer sicherer Tod. Viele andere Priester haben schon vor Euch versucht, dort zu übernachten und jeden von ihnen haben wir am nächsten Morgen tot aufgefunden. Es ist hoffnungslos, einem derart bösen Geist die Stirn zu bieten. Bitte gebt Euer Vorhaben auf. Wir möchten nicht noch einen weiteren Todesfall erleben. Wir wünschen uns so sehr einen eigenen Tempel. Deshalb denken wir oft daran, diesen alten Spuk niederzubrennen und einen neuen Ort der Anbetung zu errichten."

Doch Jogen war fest entschlossen, den bösen Geist zu finden und zu befrieden. „Guter Herr", erwiderte er, „Ihr wollt nur das Beste für mich. Aber ich will unbedingt den Shito Dama sehen und ihn mit meinen Gebeten beruhigen. Dann werde ich Einblick in die alten Bücher erhalten, die dort verborgen liegen. So kann ich die Geschichte des Tempels vollständig aufklären. Schließlich werde ich den Tempel als oberster Priester übernehmen und für die Gemeinde wiedereröffnen."

Der Wirt musste einsehen, dass Jogen nicht von seinem Vorhaben abzubringen war. Er gab den Versuch auf und versprach, dass sein Sohn ihn am Morgen, ausgestattet mit Proviant, als Führer begleiten würde.

Der neue Tag erwachte unter strahlendem Sonnenschein. Jogen war früh aufgestanden, um mit den Vorbereitungen zu beginnen. Kosa, der zwanzigjährige Sohn des Gastwirts, band das Bettzeug des Priesters und Nahrung für zwei Tage zu einem Bündel zusammen. Kosa wollte, nachdem er den Priester am Tempel abgesetzt hatte, ins Dorf zurückkehren, da er sich wie alle Dorfbewohner weigerte, eine Nacht an dem schrecklichen Ort zu verbringen. Doch versprach er, Jogen am nächsten Morgen zusammen mit seinem Vater aufzusuchen oder – wie jemand grimmig anmerkte – ihn ins Dorf hinunterzutragen, um ihm ein würdiges Begräbnis zu gewähren.

Jogen ließ sich die gute Laune nicht verderben und machte sich kurz darauf zusammen mit Kosa auf den Weg.

Die Schlucht, in der sich der Tempel befand, war steil und wild. Um große moosbedeckte Felsen herum bahnten sich Jogen und sein Begleiter ihren Weg. Als sie auf halber Höhe waren, legten sie eine Pause ein, um sich auszuruhen und mit Reis zu stärken. Bald hörten sie Stimmen herannahen. Es handelte sich um den Wirt und einige der Dorfältesten, die ihnen gefolgt waren.

„Wir sind gekommen", sagte Kusas Vater, „um noch einmal zu versuchen, Euch davon abzubringen, in den sicheren Tod zu gehen. Es stimmt, wir wollen, dass der Tempel befriedet und die Geister verjagt werden, aber nicht um den Preis eines weiteren Lebens. Bitte denkt noch einmal darüber nach!"

„Nein, ich werde meine Meinung nicht ändern. Dies ist die Chance meines Lebens. Wenn ich den Geist besänftigen und den Tempel wiedereröffnen kann, dann werde ich oberster Priester sein und wir alle haben etwas zu feiern."

Jogen weigerte sich, weitere Ratschläge anzuhören. Er machte sich über die Ängste der Dorfbewohner lustig, schulterte das Gepäck, das Kosa getragen hatte und forderte ihn auf: „Geh mit den anderen zurück. Ich kann den Weg selbst finden. Kommt morgen mit Zimmerleuten zum Tempel, denn er wird innen wie außen in einem renovierungsbedürftigen Zustand sein. Nun meine Freunde, lebt wohl, wir sehen uns morgen. Habt keine Angst um mich, ich habe keine."

Die Dorfbewohner verneigten sich, tief beeindruckt von Jogens Tapferkeit. Sie hofften, dass er sein Vorhaben überleben würde, um danach ihr Priester zu werden. Jogen verabschiedete sich ebenfalls mit einer Verbeugung und setze dann seinen Aufstieg fort. Die anderen beobachteten ihn, solange er in Sicht blieb, und kehrten dann zum Dorf zurück. Kosa war froh, dass er nicht mit dem Priester zum Tempel gehen und am Abend allein zurückkehren musste. Zusammen mit den anderen fühlte er sich mutig genug, aber hier alleine zu sein, in der Dunkelheit des wilden Waldes und in der Nähe des heimgesuchten Tempels – alleine die Vorstellung ließ ihn erschaudern.

Als Jogen den Aufstieg fortsetzte, kam plötzlich der Tempel in Sicht, hoch oben über seinem Kopf, so steil waren die Wände der Schlucht und der Weg nach oben. Die Neugier trieb den Priester trotz seines schweren Gepäcks voran. Nach einer Viertelstunde erreichte er keuchend die vorgelagerte Terrasse, die wie der Tempel selbst auf einem Fundament aus Pfählen und Gerüsten gebaut war.

Sogleich erkannte Jogen, dass es sich um ein großes Tempelgebäude handelte, das allerdings aufgrund mangelnder Pflege deutliche Spuren des Verfalls aufwies. Rankpflanzen wuchsen an den Seiten hoch. Die feuchten Pfosten und Stützen waren dicht mit Pilzen und Flechten bedeckt. Sie erschienen so stark vermodert, dass der Priester abends in seinen Notizen vermerkte, dass er die Geister weniger fürchtete als den Zustand des verrotteten Gebälks.

Vorsichtig betrat der Priester das Innere des Tempels und sah, dass dort neben den Statuen vieler Heiliger eine prächtig vergoldete große Buddha-Statue stand. Auch fand er feine Bronzefiguren, Vasen, Fässer mit verwitterten Aufschriften, Weihrauchgefäße und andere wertvolle oder sakrale Gegenstände.

Hinter dem Tempel befanden sich die Wohnräume der Priester. In der Zeit, bevor der Geist die Kontrolle übernommen hatte, müssen hier wohl fünf oder sechs von ihnen gewohnt und sich um die Menschen gekümmert haben, die hierher kamen, um zu beten.

Als der Abend nahte, sorgte die zunehmende Dunkelheit für eine bedrückende Stimmung. Jogen packte sein Bündel aus. Eine Lampe füllte er mit Öl und für seine Kerzen fand er zwei bronzene Ständer, die er zu beiden Seiten der Buddha-Statue platzierte. Nachdem er zwei Stunden gebetet hatte, nahm er eine einfache Reismahlzeit ein und ließ sich nieder, um zu beobachten, was fortan geschah. Als Standort hatte Jogen die Galerie ausgewählt, um gleichzeitig die Vorgänge innerhalb und außerhalb des Tempels überwachen zu können. So wartete er hinter einer alten Säule, nicht an Geister glaubend, aber in banger Erwartung, einen Shito Dama zu sehen.

Zwei Stunden lang war nichts zu hören und zu sehen. Ein leichter Wind seufzte um den Tempel und die Äste der hohen Bäume. Ab und zu heulte eine Eule. Fledermäuse flogen aus und ein. Ein pilzartiger Geruch durchdrang die Luft.

Plötzlich, gegen Mitternacht, hörte Jogen ein Rascheln in den Büschen am Hang unter ihm. Er dachte, es sei ein Reh oder vielleicht einer der rotgesichtigen Affen[5], die die Umgebung von hohen verlassenen Tempeln so liebten. Vielleicht war es auch ein Fuchs oder ein Dachs.

Doch es kam anders. An der Stelle, von der das Geräusch gekommen war, sah der Priester die Gestalt eines Shito Dama. Dieser bewegte sich schwebend und ruckartig zuerst in die eine und dann in die andere Richtung. Und dann erklang von dort aus ein Geräusch wie ein fernes Brummen. Aber, oh Schreck! Was stand dort zwischen den Büschen?

Das Blut des Priesters gefror in seinen Adern. Da stand das leuchtende Skelett einer Gestalt in losem Priestergewand mit stechendem Blick und einer pergamentartigen Haut! Zuerst blieb der Geist ruhig stehen, aber als der Shito Dama höher und höher stieg, setzte auch er sich in Bewegung. Der Shito Dama schwebte weiter nach oben, bis der Geist schließlich am Fuße der großen Buddha-Statue angelangt war und Jogen fast gegenüberstand.

Kalter Schweiß trat auf die Stirn des Priesters. Auch schien das Mark in seinen Knochen zu gefrieren. Jogen zitterte so stark, dass er sich kaum auf den Füßen halten konnte. Er biss sich auf die Zunge, um nicht zu schreien, rannte zu dem kleinen Raum, in dem sein Bettzeug lag, und lugte, nachdem er sich eingeschlossen hatte, durch einen Spalt zwischen den Brettern. Ja! Da war die Gestalt des Skelettgeistes, der immer noch in der Nähe des Buddhas saß, aber der Shito Dama war verschwunden.

Jogen war noch bei klarem Verstand, doch die Angst lähmte seinen Körper. Der Priester fühlte sich nicht mehr zu einer Bewegung fähig, egal was auch passieren sollte. Er lag noch immer auf dem Boden und schaute durch den Spalt.

Der Geist ließ sich nieder und bewegte fortan nur noch den Kopf, mal nach rechts, mal nach links und dann wieder nach oben. Dies ging so eine Stunde lang. Dann erklang das Brummen erneut und der Shito Dama kehrte zurück. Er umkreiste den Körper des Skelettgeistes mehrfach, bis dieser in der leuchtenden Erscheinung verschwand. Der Shito Dama schwebte noch einige Zeit um die Statuen der Heiligen herum und schoss dann davon.

Am frühen Morgen erreichte Kosa mit fünf weiteren Männern den Tempel. Sie fanden Josen noch lebendig aber vollständig gelähmt. Er konnte sich nicht bewegen und auch nicht zu ihnen sprechen. Sie trugen ihn hinab zu ihrem Dorf. Doch der Priester verstarb noch auf dem Weg dorthin.

Jogens Aufzeichnungen stießen auf großes Interesse. Nach ihm wagte es keiner mehr, in dem Tempel zu übernachten. Zwei Jahre später brannte das Gebäude nach einem Blitzeinschlag nieder. Beim Aufräumen der Trümmer und auf der Suche nach Reliquien und Wertgegenständen stieß man in der Nähe des Gebüschs, von wo aus Jogen zum ersten Mal das Rascheln gehört hatte, auf ein Skelett, das nur einen Fuß tief begraben war.

Offensichtlich stammten der Geist und der Shito Dama von einem Priester der einen gewaltsamen Tod erlitten hatte und danach keine Ruhe mehr fand.

Die Gebeine wurden in einer buddhistischen Zeremonie beigesetzt.[6] Seitdem wurde der Geist nicht mehr gesehen. Alles, was von dem Tempel übrigblieb, sind die moosbewachsenen Sockel seines Fundamentes.

---

[1] Die historische Provinz Inaba 因幡国 bestand im Wesentlichen aus dem östlichen Teil der heutigen Provinz Tottori 鳥取県 an der Nordküste der japanischen Hauptinsel Honshū 本州.

[2] Shito Dama oder Hitodama 人魂 wurden erstmals im Man'yōshū 萬葉集, der ersten großen japanischen Gedichtsammlung aus dem 8. Jahrhundert, erwähnt. Nach dem Volksglauben handelt es sich dabei um sichtbar gewordene Menschenseelen, die in Form von Leuchterscheinungen auftreten. Sie werden meist als blaue, orange oder rote Kugeln beschrieben, die dicht über dem Boden schweben und einen Lichtstreifen hinter sich herziehen. Meist findet man sie in der Nähe von Friedhöfen oder Häusern, in denen kürzlich Menschen gestorben sind. Auch kann man sie zum Zeitpunkt des Todes sehen, wenn die Seele den Körper verlässt. In den Legenden werden Hitodama oft als rachsüchtige Geister beschrieben, die ihren Weg in das Totenreich, Yomi 黄泉, noch nicht gefunden haben. Im europäischen Volksglauben findet man ähnliche Erscheinungen, wie die deutschen Irrlichter oder Irrwische und den englischen Will-o'-the-wisp. Für angeblich tatsächliche Sichtungen von Hitodama in Japan gibt es verschiedene physikalische Erklärungen. So sollen Leichen gefallener Soldaten, die auf Schlachtfeldern verwesen, Phosphor abgeben, der sich im Regen entzündet. Auch die Fehldeutung von Sternschnuppen oder das Auftreten von Glühwürmchen könnten derartige Beobachtungen erklären.

[3] Skelettgeister findet man in japanischen Mythen und Legenden nur selten. Am bekanntesten ist der Gashadokuro 餓髑髏, ein riesenhaftes Skelett, das aus den Knochen von Soldaten bestehen soll, die in der Schlacht gefallen sind und nicht begraben wurden. Die früheste Erwähnung eines Gashadokuro findet man in Aufzeichnungen aus dem 10. Jahrhundert über einen Aufstand des Samurai Taira no Masakado 平将門 gegen die Zentralregierung. Als dieser wegen seiner Revolte getötet wurde, soll seine Tochter Takiyasha-hime 瀧夜叉姫 mithilfe schwarzer Magie ein großes Skelett beschworen haben, um die Hauptstadt Kyōto anzugreifen. Der Skelettgeist Gashadokuro ist in einem berühmten Farbholzschnitt von Utagawa Kuniyoshi 歌川国芳 dargestellt, der den Titel Souma no furudairi 相馬の古内裏 trägt.

[4] Die historische Provinz Kai 甲斐国 entspricht der am Südrand der japanischen Alpen gelegenen heutigen Präfektur Yamanashi 山梨県. Die Entfernung zur historischen

Provinz Inaba und damit die Länge von Jogens Pilgerreise beträgt circa 550 Kilometer.

[5] Der Rotgesichtsmakake, Macaca fuscata, lebt vor allem in gebirgigen Wäldern Japans.

[6] In der buddhistischen Begräbniszeremonie, Sōshiki 葬式 wird der Tote vor der Aufbahrung gewaschen und mit einem weißen Totengewand, Shini shōzoku 死に装束, bekleidet. Dieses erinnert an ein Pilgergewand und symbolisiert die bevorstehende Reise in das Totenreich, Yomi 黄泉. Bei der Aufbahrung wird darauf geachtet, dass der Kopf des Toten nach Norden weist, Kitamakura 北枕. Dies geht auf den historischen Buddha zurück, der mit nordwärts gerichtetem Haupt ins Nirvana eingegangen sein soll. Vor der Einäscherung werden buddhistische Sutren rezitiert und Räucherstäbchen verbrannt. Die Verbrennung erfolgt bei niedriger Temperatur und darf nicht zu lange dauern, damit noch einige Knochen des Leichnams übrigbleiben. Diese Knochenreste, nicht die Asche, wird anschließend in einer Grab-Urne, Kotsutsubo 骨壷, beigesetzt.

Der Aufmarsch der Dämonen

Vor mehr als vierhundert Jahren existierte in der Nähe von Fushimi[1] bei Kyoto ein alter Tempel. Er wurde Shozenji genannt und war seit vielen Jahren unbewohnt. Priester fürchteten sich davor, dort zu leben, wegen der Dämonen, von denen der Ort heimgesucht wurde. Bisher hatte noch niemand die bösen Geister gesehen, doch jedermann wusste, dass vor vielen Jahren die gesamte Priesterschaft des Tempels von einer Horde Banditen überfallen, ausgeraubt und getötet worden war. Seit diesem entsetzlichen Ereignis war der Tempel verlassen und dem Verfall ausgesetzt.

Eines Tages kam ein betagter Priester auf seinem Pilgerweg nach Fushimi an dem alten Tempel vorbei. Da er die Geschichte des verlassenen Ortes nicht kannte, suchte er dort bei schlechtem Wetter Zuflucht. Er hielt es für eine gute Idee, seinen mitgebrachten Reis im Tempelgebäude zu verzehren und anschließend dort zu übernachten. So würden seine Kleider nicht nass werden, und am nächsten Morgen könnte er seine Reise gut erholt fortsetzen.

Der gute Mann bezog sein Quartier in einer kleinen Kammer, die in einem ordentlichen Zustand war, verglichen mit dem Rest des Gebäudes. Nach dem Essen sprach er seine Gebete und legte sich schlafen, während der Regen in Strömen auf das Dach prasselte und der Wind durch das knarrende Gebälk heulte. So sehr er es auch versuchte, der Priester konnte nicht schlafen, denn die eisige Zugluft ließ ihn vor Kälte zittern. Irgendwann gegen Mitternacht hörte der alte Mann seltsame und unnatürliche Geräusche, die vom Hauptgebäude auszugehen schienen.

Angetrieben von der Neugier erhob er sich von seiner Schlafstätte, um den Ursprung der Geräusche zu erkunden. In dem Hauptsaal des Tempels überwältigte ihn der Anblick einer Hiyakki Yako[2] – einer Parade von Dämonen. Furchterregende Kreaturen waren in großer Zahl aufmarschiert, sie kämpften und rangelten miteinander, sie tanzten und feierten ausgelassen. Der Priester war erschüttert von dem, was er sah, aber noch immer neugierig. Doch als kurz darauf noch einige weitere weitaus schrecklichere Gestalten auftauchten, lief er zurück in den kleinen Raum und verriegelte die Tür. Den Rest der Nacht verbrachte er damit, Gebete für die Seelen der Toten zu sprechen.

Bei Tagesanbruch verließ der alte Mann den seltsamen Ort, obwohl es nach wie vor in Strömen regnete. Er berichtete den Dorfbewohnern von seinem Erlebnis. Diese verbreiteten die Geschichte rasend schnell und fortan war der verfallene Tempel als der am schlimmsten heimgesuchte Ort in der ganzen Region bekannt.

Zu dieser Zeit hörte auch der berühmte Maler Tosa Mitsunobu[3] von den Ereignissen. Er wollte schon immer ein Bild einer Hiyakki Yako malen, und nun hoffte er, beim Anblick der Dämonen im Shozenji-Tempel Inspiration zu finden. Er machte sich unverzüglich auf den Weg dorthin.

Mitsunobu erreichte den Tempel in der Abenddämmerung und wartete die ganze Nacht auf die Dämonen. Doch zu seiner großen Enttäuschung ließen sie sich nicht blicken.

Am nächsten Morgen öffnete er alle Fenster und Türen und gleißendes Licht fiel in den Raum. Plötzlich sah er, dass die Wände mit unbeschreiblich detaillierten Zeichnungen von gespenstischen Gestalten bedeckt waren. Es waren weit mehr als zweihundert und alle verschieden.

Er musste diesen Anblick festhalten! Tosa Mitsunobu nahm seine Malutensilien aus dem Gepäck und begann damit, die Figuren minutiös abzumalen. Dies nahm den größten Teil des Tages ein.

Als er die Umrisse der verschiedenen Geister und Dämonen untersuchte, stellte Mitsunobu fest, dass die fantastischen Formen von Rissen in den feuchten Wänden herrührten. Die Risse waren mit Pilzen und Flechten gefüllt, was die Färbung und auch die Konturen der Figuren hervorbrachte, aus denen er sein berühmtes Bild[4] Hiyakki Yako komponierte.

Mitsunobu war dem alten Priester, dessen Geschichte ihn an diesen Ort geführt hatte, unendlich dankbar. Ohne ihn wäre das Bild niemals gemalt worden. Die Phantasie eines Menschen reicht nicht aus, um sich eine derartige Vielfalt an schrecklichen Geistern und Dämonen vorstellen zu können.

---

[1] Heute ist Fushimi-ku 伏見区 der südlichste der elf Stadtbezirke Kyōtos. Dort befindet sich der Fushimi Inari Taisha 伏見稲荷大社, der meistbesuchte Shintō-Schrein in

ganz Japan, der im 8. Jahrhundert gegründet wurde und für seine Alleen aus Tausenden von orangefarbenen Torii 鳥居 bekannt ist.

[2] Hyakki Yagyō 百鬼夜行 bezeichnet im japanischen Volksglauben die Parade einer Horde von Dämonen, die als Oni 鬼 oder Yōkai 妖怪 bezeichnet werden. Der Begriff ist verwandt mit dem Pandämonium in der westlichen Mythologie. Erste Erwähnungen der Hyakki Yagyō findet man in den Geschichtensammlungen Ōkagami 大鏡, Konjaku Monogatari 今昔物語 und Uji Shūi Monogatari 宇治拾遺物語 aus dem 12. und 13. Jahrhundert.

[3] Die Tosa-Künstlerfamilie geht zurück bis ins 12. Jahrhundert. Tosa Mitsunobu 土佐光信, der von 1434 bis 1525 lebte, malte sowohl für den kaiserlichen Hof in Kyōto wie auch für das Shōgunat. Zu seinen berühmtesten Bildern gehört ein Portrait des Kaisers Go-En'yū 後円融天皇, das im Sennyū-Tempel 泉涌寺 in Kyōto aufbewahrt wird.

[4] Das berühmteste und zugleich älteste erhaltene Bild einer Dämonenparade, trägt den Titel Hyakki Yagyō Zu 百鬼夜行図. Es handelt sich um eine Bildrolle, die im Shinju-an 眞珠庵, einem Subtempel des Daitoku-ji 大徳寺 in Kyōto aufbewahrt wird. Die Zuschreibung zu Tosa Mitsunobu ist umstritten. Das Werk übte in der gesamten Edo-Zeit (1603-1868) einen großen Einfluss auf die Darstellung von Dämonen in Holzschnitten und Buchillustrationen aus. Eine Adaption des Hyakki Yagyō Zu von dem Maler Okada Tamechika 岡田為恭, die um 1850 entstand, wird von einem Erzähltext begleitet. Es ist unklar, ob der Künstler die originale Quelle gefunden oder ob er die Geschichte selbst erfunden hat. Berichtet wird von Ereignissen im Jahr 1180, als der Militärführer Taira no Kiyomori 平清盛 die Verlegung der Hauptstadt von Kyōto nach Fukuhara-kyō 福原京 angeordnet hatte, um dem Einfluss mächtiger buddhistischer Würdenträger zu entgehen. Im Verlaufe des Verlagerungsprozesses wurde ein junger Adeliger dazu gezwungen, sein Haus in Kyōto zu verlassen und den Wohnsitz in die neue Hauptstadt zu verlagern. Obwohl der Mann einem vertrauenswürdigen Diener aufgetragen hatte, sich in seiner Abwesenheit um sein Anwesen in Kyōto zu kümmern, fand er bei seiner Rückkehr Hunderte von Dämonen vor, die in seinem Haus lärmten und feierten. Erst nachdem der Adelige die ganze Nacht Sutren rezitiert hatte, verschwanden die Dämonen im Morgengrauen.

Das Kap des Frauenschwertes

Im Süden der Provinz Higo[1] liegt eine Gruppe von Inseln, die von kleinen Binnenmeeren, tiefen Buchten und engen Kanälen umgeben sind. Die Gegend heißt Amakusa[2]. Es gibt dort ein Dorf namens Amakusa Mura, ein Meer namens Amakusa Umi, eine Insel namens Amakusa Shima und das weithin bekannte Kap Joken Zaki, das in das Amakusa-Meer hineinragt.

In den Geschichtsbüchern wird berichtet, dass der Daimio der Provinz im Jahre 1577 den Befehl erließ, dass alle seine Untertanen zum Christentum konvertieren sollten. Wer dem nicht folgte, wurde verbannt.[3]

Im Laufe des nächsten Jahrhunderts wurde das Dekret aufgehoben, ja sogar ins Gegenteil verkehrt. Wer dem Christentum nicht abschwören wollte, wurde hingerichtet. Zehntausende Christen wurden geköpft und ihre sterblichen Überreste in Nagasaki, Shimabara und Amakusa beigesetzt.[4]

Das eben Gesagte hat nicht viel mit der folgenden Erzählung zu tun. Aber es ist möglich, dass zu der Zeit, als die Bevölkerung von Amakusa zum Christentum konvertierte, ein Schwert, das in einem Tempel aufbewahrt wurde, zusammen mit den Buddha-Statuen ins Meer geworfen und später von einem Korallen- oder Perlentaucher geborgen wurde. Dies geschah vermutlich in der Bunroku-Zeit, die von 1592 bis 1596 andauerte.[5] Ein solches Ereignis könnte zum Ursprung der Legende geworden sein, die im Folgenden erzählt wird.

Das Kap des Frauenschwertes – Jogen Zaki – wurde nicht immer so genannt. In den Jahren vor der Bunroku-Zeit hieß es Fudozaki – Kap Fudo. Fudo[6] ist der Gott des Zornes, der immer mit einem Schwert und von Feuer umgeben dargestellt wird. Der Grund für die Namensänderung war wie folgt.

Die Leute von Amakusa lebten fast ausschließlich von dem, was sie aus dem Meer holten. Und so machte sich in der Bunroku-Zeit Verzweiflung breit, als in ihren Meeren und Buchten zwei Jahre lang die Fischschwärme ausblieben. Viele Hungeropfer waren zu beklagen und das Land versank in Armut. Auch wenn sie noch so große Netzte auswarfen, kein einziger Fisch, nicht mal eine winzige Sardine, wurde gefangen. Selbst wenn sich die Fischer in Gebiete außerhalb ihrer eigenen Gewässer vorwagten, konnte sie keine Beute machen. Gelegentlich waren unter dem Meer vor Kap Fudo eigenartig dröhnende Geräusche zu vernehmen. Dem schenkten sie keine Beachtung, da sie als Japaner an Erdbeben gewöhnt waren.

Die Leute kannten weder den Grund für das Fortbleiben der Fischschwärme, noch wussten sie, wohin sie gezogen waren. Doch eines Tages meldete sich ein alter von allen respektierter Fischer zu Wort: „Ich fürchte, meine Freunde, dass das Grollen, das wir so oft vor Kap Fudo hören, nichts mit einem Erdbeben zu tun hat. Ich glaube, dass der Gott des Meeres erzürnt ist."

Eines Abends, nur wenige Tage später, ankerte ein Segelschiff, die Tsukushimaru[7], die einem Fischer namens Tarada gehörte, auf der windabgewandten Seite des Fudozaki.

Nachdem das Segelwerk verstaut und das Boot festgemacht war, brachte die Besatzung ihre Schlafmatten aus den Kabinen, um bei warmem Wetter an Deck zu übernachten. Gegen Mitternacht wurde der Kapitän von einem eigenartigen Rumpeln geweckt, das vom Meeresboden auszugehen schien. Es kam wohl aus der Richtung, in der ihr Anker lag, denn das Seil, das diesen hielt, zitterte stark. Das Geräusch erinnerte Tarada an das Dröhnen der Fluten im Naruto-Kanal zwischen den Inseln Awa und Awaji.[8] Plötzlich sah er an der vorderen Reling eine wunderschöne junge Frau, die mit feinster weißer Seide bekleidet war. Sie schien jedoch kaum wirklich zu sein, wie sie dort schwebte, umgeben von einem glitzernden Dunst.

Tarada war kein Feigling. Trotzdem weckte er seine Männer, bevor er sich der Gestalt näherte. Als er noch zehn oder zwölf Fuß von ihr entfernt war, sprach die junge Frau mit wohlklingender Stimme zu ihm:

"Ach! Könnte ich doch nur in diese Welt zurückkehren! Das ist mein einziger Wunsch."

Als Tarada erstaunt und erschrocken auf die Knie fiel, um zu beten, verschwand die weiß gekleidete Frau unter lautem Tosen im Meer.

Am nächsten Morgen ging der Bootsführer an Land, um sich bei den Menschen in Amakusa zu erkundigen, ob sie jemals zuvor so etwas erlebt hatten.

„Nein", sagte der Dorfälteste, „die Geräusche vor Kap Fudo, die Ihr beschrieben habt, hören wir seit zwei Jahren jeden Tag. Zuvor hatten wir viele Fische hier. Aber die Gestalt der Frau, die Ihr letzte Nacht gesehen habt, ist uns noch nie erschienen. Es muss sich um den Geist eines armen Mädchens handeln, das ertrunken ist, und das Geräusch, das wir hören, muss vom Gott des Meeres stammen, der wütend ist, weil ihre Überreste nicht aus der Bucht geborgen wurden, in der die Fische so gerne lebten, bevor der verwesender Körper der jungen Frau das Wasser verseuchte."

Die Fischer besprachen die Lage. Sie hielten die Erläuterungen des Dorfältesten für plausibel. Demnach war eine Frau in der Bucht ertrunken, deren Leiche das Gewässer verschmutzte. Es war ihr Geist, der Tarada und seinen Männern in der Nacht erscheinen war. Das Grollen wurde von dem wütenden Gott des Meeres verursacht, dessen Fische durch die Verunreinigung aus der Bucht vertrieben worden waren.

Was zu tun war, lag auf der Hand. Jemand musste bis zum Grund tauchen, um die sterblichen Überreste zu bergen. Es war eine gefährliche aber auch unangenehme Aufgabe, denn der Leichnam lag schon seit mehr als einem Jahr am Boden des Meeres.

Da sich niemand freiwillig für den Tauchgang meldete, schlugen die Dorfbewohner einen Mann vor, der zwar besser als alle anderen schwimmen konnte, der jedoch geistig zurückgeblieben und damit ein Außenseiter in der Dorfgemeinschaft war. Man nannte ihn Sankichi oder Oshi-no-Sankichi, – den tumben Sankichi. Er war sechsundzwanzig Jahre alt und in seinem ganzen Leben immer aufrichtig und ehrlich gewesen. Auch war Sankichi ein gläubiger Mensch, der regelmäßig die Tempel und Schreine besuchte. Doch wegen seiner Geistesschwäche blieb er ein Einzelgänger, da die anderen Gemeindemitglieder nichts mit ihm zu tun haben wollten. Sobald der arme Kerl hörte, dass man ihn dazu ausersehen hatte, die Leiche vom Grund des Meeres zu bergen, stimmte er freudestrahlend zu. Er war bereit, für diese Aufgabe zu sterben. Was war sein armes Leben schon wert im Vergleich zum Wohlergehen der vielen Fischerfamilien, für die die Anwesenheit der Fischschwärme in den heimischen Gewässern so wichtig war. Der Bergungsversuch sollte am nächsten Morgen starten. Und so war Oshi-no-Sankichi für einen Tag ein von allen geliebter Held.

Als die Ebbe am nächsten Tag ihren Tiefststand erreicht hatte, versammelten sich die Dorfbewohner am Strand, um Sankichi anzufeuern. Er wurde zu Taradas Segelboot gerudert und tauchte, nachdem er sich von seinen wenigen Verwandten verabschiedet hatte, von dort aus ins Meer.

Sankichi schwamm eine ganze Weile durch warme und kalte Strömungen, bis er den Meeresboden erreichte. Er schaute sich um, doch weit und breit war kein Leichnam zu entdecken. Schließlich kam er zu einem vorspringenden Felsen, hinter dem er so etwas wie ein Schwert erspähte, das in alten Brokatstoff eingewickelt war. Als er den länglichen Gegenstand ergriff und aus der Hülle nahm, sah er, dass es tatsächlich ein Schwert war. Die Oberfläche der Waffe glänzte hell und war ohne einen Rostfleck.

„Man sagt“, dachte Sankichi, „dass Japan das Land der Schwerter sei, in denen die Götter wohnen.“[9] Es muss der Gott dieses Schwertes sein, der das dröhnende Geräusch macht, das die Fische abschreckt.

Sankichi wusste, dass er einen wertvollen Schatz gefunden hatte, und so machte er sich unverzüglich auf den Weg zurück an die Oberfläche.

Er wurde sofort an Bord der Tsukushi-maru gebracht, wo ihn seine Verwandten und die Fischer hocherfreut empfingen. Nach seinem langen anstrengenden Tauchgang fiel er vor Erschöpfung in Ohnmacht. Feuer wurden entzündet, um seinen unterkühlten Körper wiederzubeleben. Nachdem man ihn kräftig mit warmen Tüchern abgerieben hatte, kam Sankichi zu sich und berichtete von seinem Fund.

Das Schwert wurde zu dem obersten Beamten der Provinz, Naruse Tsushimanokami[10], gebracht. Trotz des guten Erhaltungszustandes konnte dieser keinen Hinweis auf den vormaligen Besitzer finden. Er kam zu dem Schluss, dass es sich um einen heiligen Schatz handeln müsse und empfahl die Errichtung eines dem Gott des Zornes gewidmeten Schreins, in dem das Schwert aufbewahrt werden sollte, um das Dorf vor weiterem Unheil zu bewahren. Geld wurde gesammelt, um den Bau des Schreins zu finanzieren. Nachdem Oshi-no-Sankichi zum Verwalter der Anlage ernannt wurde, lebte er ein langes und glückliches Leben.

Die Fische kehrten in die Bucht zurück, denn der Gott des Schwertes war befriedet, nachdem man ihn vom Meeresgrund geborgen und in eine geweihte Stätte überführt hatte.

---

[1] Die historische Provinz Higo 肥後国 umfasste im Wesentlichen das Gebiet der heutigen Präfektur Kumamoto 熊本県 im Westen der Insel Kyūshū 九州.

[2] Die Amakusa-Inseln 天草諸島 werden durch die Yatsushiro-See 八代海 von Kyūshū getrennt. Die heutige Stadt Amakusa 天草市 liegt im Nordosten der Hauptinsel Shimo-shima 下島.

[3] Japans „christliches Jahrhundert" begann im Jahre 1549 mit der Landung des Jesuitenmissionars Francisco de Xavier in Kagoshima 鹿児島市, im Süden Kyūshūs. Während der Zeit der kämpfenden Länder, Sengoku Jidai 戦国時代, 1467–1568, war Japan in konkurrierende Fürstentümer fragmentiert. Dies begünstigte die Missionierung, da die lokalen Herrscher sich durch Informations- und Warenaustausch mit den Europäern strategische Vorteile verschaffen wollten. Insbesondere auf Kyūshū fanden die Missionare mächtige Gönner. Die Amakusa-Inseln wurden durch ihren Herrscher, den Daimyō 大名 Konishi Yukinaga 小西 行長, christianisiert, der sich selbst im Jahre 1583 auf den Namen Augustinus taufen ließ.

[4] Die Unterdrückung der römisch-katholischen Kirche in Japan begann im Jahre 1587 mit dem von dem Reichseiniger Toyotomi Hideyoshi 豊臣秀吉 erlassenen Edikt zur Ausweisung von Missionaren, Bateren tsuihōrei 伴天連追放令. Der Shōgun Tokugawa Ieyasu 徳川家康 befürchtete die Kolonisation Japans durch die Europäer als Folge der Missionierung. Im Jahre 1614 verbot er die Verbreitung und Ausübung der christlichen Religion mit der Verordnung Hai kirishitan bun 排吉利支丹文. Japanische Christen wurden fortan systematisch ausgeforscht. Wer nicht bereit war, dem Glauben abzuschwören, wurde hingerichtet. In den Jahren 1637 und 1638 erreichten die Repressionen ihren Höhepunkt. Im Shimabara-Aufstand 島原の乱 rebellierte die christliche Landbevölkerung in Amakusa und Shimabara gegen das Shōgunat. Bei den Auseinandersetzungen wurden fast 40.000 Aufständische getötet. In der Folge wurde die Christenverfolgung im ganzen Land konsequent umgesetzt. Erst im Jahre 1873 wurde das Christentum in Japan wieder offiziell zugelassen.

[5] Die Bunroku-Ära 文禄年号 umfasste die Zeit von Dezember 1592 bis Oktober 1596. Die Datierung des Autors verwundert, da es nach dem Ausweisungsedikt von 1587 wohl kaum mehr zur Räumung buddhistischer Tempel kam.

[6] Die buddhistische Gottheit Fudō Myōō 不動明王 wurde zu Beginn des 9. Jahrhunderts durch Kūkai 空海, den Gründer des Shingon Buddhismus 真言宗 in Japan eingeführt. Seitdem wird sie als Beschützer des Landes und seiner Einwohner verehrt. Fudō-Statuen mit zornverzerrten Gesichtszügen, umgeben von einer Aureole flackernder Flammen, findet man häufig am Eingang von Tempelanlagen.

[7] Tsukushi 筑紫 ist die alte Bezeichnung der Insel Kyūshū. Die Namen japanischer Handelsschiffe enden auch heute noch meist mit dem Zeichen für Kreis oder Ring, Maru 丸.

[8] Die Naruto-kaikyō 鳴門海峡 ist eine Meerenge zwischen den Inseln Awaji 淡路島 und Shikoku 四国, die für ihre bis zu 20 km/h starke Strömung und für die dadurch

entstehenden Naruto-Strudel bekannt 鳴門の渦潮 ist. Awa 阿波国 war der Name einer im Osten von Shikoku gelegenen historischen Provinz Japans. Ihr Gebiet entsprach dem der heutigen Präfektur Tokushima 徳島県.

[9] Schwerter gehören neben Spiegeln und Krummjuwelen zu den Hauptheiligtümern shintōistischer Schreine. Man betrachtet diese Objekte, Shintai 神体, als Aufenthaltsort der Gottheiten, Kami 神. Ein Schwert gehört auch zu den drei göttlichen Schätzen, Sanshu no Shinki 三種の神器, die als Insignien der kaiserlichen Macht gelten und so den Anspruch des Tennō 天皇 als himmlischer Herrscher legitimieren.

[10] Tsushima no kami 対馬守 ist eigentlich der Titel des Vorstehers der Verwaltungsbeamten der ehemaligen Provinz Tsushima, einer Insel nordwestlich von Kyūshū.

Der Skelettberg

Am Fuße des Berges Shumongatake[1] in der nordwestlichen Provinz Echigo[2] stand einst ein bedeutender Tempel. Vielleicht kann man ihn heute noch besuchen, denn er wurde über viele Generationen hinweg instandgehalten, da sich dort die Grabstätte der Vorfahren des Lehnsherrn Yamana[3] befand. Der Name des Tempels war Fumonji. Einer der Priester, die für diesen Tempel verantwortlich waren, hieß Ajari Joan[4]. Er war ein Adoptivsohn der Familie Otomo[5].

Joan war ein gelehrter und tugendhafter Mann, der viele Anhänger um sich scharte. Doch eines Tages brachte ihn der Anblick eines wunderschönen Mädchens aus dem Gleichgewicht. Sie hieß Kiku[6] und war gerade achtzehn Jahre alt geworden. Hoffnungslos verliebt war er sogar bereit, seine Position und seinen Ruf zu opfern, wenn sie sein Flehen erhören und ihn heiraten würde. Doch die schöne Kiku lehnte all seine Bitten ab. Ein Jahr später erkrankte sie schwer an Fieber und starb. Gerüchte kamen auf, der Priester hätte sie in seiner Eifersucht verflucht und damit ihre Krankheit und ihren Tod herbeigeführt. Tatsächlich schien es einen Zusammenhang zu geben, denn Joan verlor kurz nach Kikus Tod den Verstand. Er vernachlässigte seine Dienste, rannte wild durch den Tempel, kreischte nach Mitternacht und erschreckte alle, die in seine Nähe kamen. Schließlich grub er eines Nachts den Körper von Kiku aus und verzehrte Teile ihres verwesten Fleisches.

Die Leute glaubten, der Teufel wäre in ihn gefahren. Sie blieben dem Tempel fern. Da auch die jüngeren Priester den Ort verließen, blieb Joan allein zurück. Der Tempel verfiel mehr und mehr. Auf dem Dach wuchsen Dornenbüsche, der zuvor glänzend polierte Boden war mit Moos bedeckt, und im Inneren siedelten sich Vögel an, die ihre Nester bauten, sich auf den Ahnentafeln[7] niederließen und alles durcheinanderbrachten. Der Tempel, der einst in Glanz erstrahlt hatte, wurde zu einer verrottenden Ruine.

Eines Tages an einem warmen Sommerabend wollte eine alte Frau, die ein Teehaus am Fuße des Shumongatake-Berges führte, gerade ihre Fensterläden schließen, als sie von einem Priester verschreckt wurde, der sich ihr mit einer weißen Kappe auf dem Kopf näherte. „Der Teufelspriester[8]! Der Teufelspriester!“, schrie sie, als sie ihm einen hölzernen Laden ins Gesicht schlug. „Verschwindet! Wir wollen Euch hier nicht sehen!“

„Was meint Ihr mit ‚Teufelspriester'? Ich bin ein pilgernder Mönch auf seiner Reise und deshalb keine Bedrohung für Euch. Lasst mich ein, denn ich möchte rasten und mich erfrischen", rief die Stimme von außen. Die alte Frau blickte durch einen Spalt zwischen den Fensterläden. Tatsächlich, es war nicht der vom Teufel Besessene, sondern ein ehrwürdiger Pilger. Sie ließ ihn ein und erzählte ihm von ihrer Angst vor dem Priester des Fumonji-Tempels, der wegen einer Liebesbeziehung den Verstand verloren hatte.

„Oh, Herr, es ist wirklich schrecklich! Wir wagen es kaum noch, uns dem Tempel zu nähern, denn wir fürchten, dass der wahnsinnige Priester eines Tages ins Dorf kommt, um einige von uns töten."

„Wollt ihr wirklich behaupten, dass der Priester alle Lehren Buddhas missachtet hat, um sich zum Sklaven der menschlichen Gelüste zu machen?", fragte der Reisende.

„Ich weiß nichts über die weltlichen Leidenschaften", rief die alte Frau, „ich weiß nur, dass sich unser Priester in einen Teufel verwandelt hat. Alle Leute hier im Dorf können Euch bestätigen, dass er sogar das Fleisch des armen Mädchens, das durch seinen Fluch zu Tode kam, ausgegraben und gegessen hat!"

„Es gab Fälle, in denen Menschen vom Teufel besessen waren", sagte der Mann, „aber normalerweise waren dies gewöhnliche Leute und keine Priester. Ein Höfling des Kaisers So's hat sich in eine Schlange verwandelt, die Frau von Yosei in eine Motte, die Mutter von Ogan in eine Yasha[9]. Aber ich habe noch nie von einem Priester gehört, der sich in einen Teufel verwandelt hat. Außerdem war Ajari Joan, Euer Priester im Fumonji-Tempel, ein tugendhafter und kluger Mann, wie ich gehört habe. Ich bin hierhergekommen, um mir selbst die Ehre zu erweisen, ihn zu treffen. Morgen werde ich ihn im Tempel besuchen."

Die alte Dame brachte dem Pilger Tee und bat ihn inständig, dem Tempel fernzubleiben. Doch er beharrte darauf, sein Vorhaben umzusetzen. Er wollte den vom Teufel besessenen Priester treffen und ihn auf den rechten Weg zurückbringen. Dann legte er sich zum Schlafen.

Am Nachmittag des nächsten Tages machte sich der Pilger, getreu seinem Wort, auf den Weg zum Fumonji-Tempel. Die Frau begleitete ihn ein Stück weit bis zu dem Ort, an dem der Weg zum Tempel den Berg hinaufführte.

Dort verabschiedete sie sich von dem mutigen Mann, denn sie selbst wollte keinen Schritt weitergehen.

Die Sonne ging bereits unter, als der Pilger den Tempel erblickte. Er war tatsächlich verwahrlost. Die Tore waren aus den verrosteten Angeln gebrochen. Überall lag vertrocknetes Laub, das unter seinen Füßen raschelte.

Der Mann ging mutig weiter und schlug mit seinem Stab eine kleine Tempelglocke. Aufgeschreckt von dem Geräusch flogen Scharen von Vögeln und Fledermäusen aus dem Tempel und umschwirrten sein Haupt. Weitere Lebenszeichen gab es nicht. Er schlug erneut kräftig auf die Glocke, deren lautes Dröhnen in Echos durch das Gelände hallte. Endlich kam ein schmaler, elend aussehender Priester heraus, schaute mit wirrem Blick um sich und sprach:

„Wer seid Ihr und was wollt Ihr hier? Der Tempel ist längst verlassen, aus irgendeinem Grund, den ich nicht nachvollziehen kann. Wenn Ihr eine Unterkunft sucht, müsst Ihr ins Dorf gehen. Hier gibt es weder etwas zu Essen noch eine Möglichkeit zur Übernachtung."

„Ich bin ein Pilger aus der Provinz Wakasa[10]. Die herrliche Landschaft und die klaren Bäche haben mich veranlasst, in dieser Gegend zu verweilen. Es ist jetzt zu spät, um ins Dorf zu gehen, und ich bin zu müde. Bitte lasst mich über Nacht hierbleiben", sagte der Besucher.

Der Priester erwiderte: „Ich kann Euch nicht zu Diensten sein. Dieser Ort ist nicht mehr als eine verfallene Baracke. Ihr könnt bleiben, wenn Ihr wollt, aber ich habe weder Essen noch Bettzeug für Euch."

Nachdem er dies gesagt hatte, setzte er sich auf einen Felsen, während der Pilger sich auf einem anderen niederließ. Keiner sprach, bis es dunkel wurde und der Mond aufging. Dann sagte der verrückte Priester:

„Findet selbst heraus, wo Ihr schlafen könnt. Es gibt keine Betten, aber unter dem Dach seid Ihr geschützt von dem Gebirgstau, der während der Nacht fällt und Euch durchnässt."

Dann ging er in den Tempel. Wohin genau konnte der Pilger nicht sehen, denn es war dunkel und die Räumlichkeiten waren in einem chaotischen Zustand. Der Boden war übersät mit Resten von umgestürzten Statuen, Holzbalken und Möbeln, die der verrückte Priester im frühen Stadium seines Wahnsinns in Stücke gehackt hatte. Der Pilger tastete sich voran, bis er sich zwischen einer großen umgestürzten Statue und einer Mauer befand. Er beschloss, die Nacht an diesem Platz zu verbringen. Ohne sich hier auszukennen und ohne Licht konnte er keinen besseren Ort finden, um sich vor dem Verrückten zu verstecken. Zu seinem Glück war der alte Mann gesund und gut bei Kräften. So konnte er auf Essen verzichten und die durchdringende und feuchte Kälte unversehrt ertragen. Er hörte das Rauschen unzähliger Bäche, die den Berg hinunterströmten und die Geräusche von jagenden Ratten, Fledermäusen und Eulen. Von dem verrückten Priester war dagegen nichts zu hören. So verging Stunde um Stunde. Gegen ein Uhr, gerade als der alte Mann eingenickt war, wurde er von lauten Geräuschen aufgeschreckt. Der ganze Tempel schien einzustürzen. Fensterläden wurden mit solcher Gewalt zugeschlagen, dass sie zu Boden fielen. Statuen und Möbel wurden durch den Raum geschleudert. In all dem Chaos nahm der Pilger das Klatschen der nackten Füße des verrückten Priesters wahr, der über den mit Trümmern übersäten Boden lief und rief:

„Oh, wo ist die wunderschöne Kiku, meine süße geliebte Kiku? Oh, wo ist sie? Ihr Götter und Teufel habt Euch verbündet, um mich von ihr zu trennen. Aber ich bin stärker und werde Euch die Stirn bieten. Kiku, Kiku, komm zu mir!"

Als der Verrückte in einen entfernteren Teil des Tempels verschwunden war, verließ der Pilger seine beengte Position und schlich hinaus in den Außenbereich, um sich dort zu verstecken. Hier hatte er einen besseren Überblick und konnte flüchten, falls nötig.

Der Pilger musste mehrfach seinen Standort wechseln, da der verrückte Priester an der Tempelmauer entlanglief, während er mit schrecklich lauten Schreien nach Kiku rief. Erst gegen Morgen zog sich der Wahnsinnige in den Teil des Tempels zurück, den er bewohnte, und es wurde still. Der Pilger verließ sein Versteck und setzte sich wieder auf den Felsen, auf dem er sich schon am Abend zuvor niedergelassen hatte. Er war noch immer fest entschlossen, ein Gespräch mit dem Priester zu erzwingen. Dann wollte er ihm Texte aus den heiligen Lehren Buddhas vorlesen und ihn befrieden. Geduldig saß er da, bis die Sonne hoch am Himmel stand. Aber es blieb ruhig und von dem Priester war nichts zu sehen.

Erst gegen Mittag waren erste Geräusche zu hören und schließlich kam der Verrückte heraus. Er sah benommen aus, als hätte er sich von einem Trinkgelage erholen müssen. Der alte Pilger stand auf sprach:

„Mein Bruder, ich heiße Ungai. Ich bin ein Priester aus dem Dagoji-Tempel in der Provinz Wakasa. Ich bin hierhergekommen, um Euch zu treffen, da mir von Eurer großen Weisheit berichtet wurde. Doch im Dorf hat man mir letzte Nacht erzählt, dass Ihr Eure Gelübde gebrochen und Euer Herz an eine junge Frau verloren habt. Aus Liebe zu Ihr sollt Ihr Euch in einen bösartigen Dämon verwandelt haben. Ich halte es für meine Pflicht, Euch aus Buddhas Lehren vorzulesen, um Euch auf den rechten Weg zurückzuführen. Bitte hört meine Gebete und nehmt meine Hilfe an."

Der verrückte Priester erwiderte demütig:

„Ihr seid in der Tat ein Buddha. Bitte sagt, was ich tun kann, um mit dem Vergangenen abzuschließen und wieder ein gläubiger und tugendhafter Priester zu werden."

Ungai sagte: „Kommt her und setzt Euch zu mir." Dann las er einen Text aus den buddhistischen Lehren vor und sagte: „Wenn Ihr nun bereit und willens seid, Eure Seele zu erlösen, müsst Ihr so lange auf dem Felsen sitzen bleiben, bis Ihr die folgenden Zeilen erklären könnt, die in dem heiligen Buch geschrieben stehen: ‚Der Mond über dem See scheint auf den Wind zwischen den Kiefern, und eine lange Nacht kommt zur Ruhe gegen Mitternacht!' Nachdem er dies gesagt hatte, verbeugte sich Ungai tief und ließ den verrückten Priester Joan reflektierend zurück.

Einige Monate lang wanderte Ungai von Tempel zu Tempel, um die buddhistische Lehre zu verbreiten. Schließlich kam er in die Gegend zurück, in der sich der Fumonji-Tempel befand. Er wollte nun wissen, was aus dem wahnsinnigen Joan geworden war. In dem Teehaus, das er noch von seinem ersten Besuch kannte, erkundigte er sich bei der alten Wirtin nach dem verrückten Priester.

„Nein", sagte diese, „wir haben ihn weder gesehen noch von ihm gehört. Einige Leute glauben, er habe die Gegend verlassen, aber niemand weiß es, denn keiner wagt es, zum Tempel zu gehen, um nachzusehen."

„Nun", erwiderte Ungai, „dann werde ich mich dorthin begeben und es herausfinden."

Am nächsten Morgen ging Ungai zum Tempel und sah, dass Joan immer noch genauso auf dem Felsen saß, wie er ihn zurückgelassen hatte und dabei die Worte murmelte: „Der Mond über dem See scheint auf den Wind zwischen den Kiefern, und eine lange Nacht kommt zur Ruhe gegen Mitternacht!" Joans Haare und Bart waren in der Zeit lang und grau geworden. Er schien schrecklich dünn, fast durchsichtig zu sein. Ungai bewunderte Joans aufrichtige Entschlossenheit und unermüdliche Geduld. Erfüllt von Mitleid traten ihm Tränen in die Augen.

„Steht auf, steht auf", rief er, „Ihr seid nun bekehrt und wieder bereit, Euer heiliges Amt zu übernehmen."

Aber Joan rührte sich nicht. Ungai stieß ihn mit seinem Pilgerstab an, um ihn zu wecken, aber zu seinem Entsetzen zerfiel Joan in Stücke und verschwand im Boden wie eine Flocke aus schmelzendem Schnee.

Der alte Pilger blieb noch drei Tage im Tempel, um für Joans Seele zu beten. Nachdem die Dorfbewohner von den Ereignissen gehört hatten, bauten sie den Tempel wieder auf und machten Ungai zu ihrem Priester. Ihr Tempel hatte früher zur buddhistischen Mitsu-Schule gehört. Doch jetzt wurde er an die Jodo-Schule[11] übertragen, der auch Ungai angehörte. Der Name des Tempels wurde geändert, von Fumonji in Hakkotsuzan[12] – Skelettberg. Danach prosperierte die Anlage Hunderte von Jahren lang.

---

[1] Vermutlich ist der Sumondake 守門岳 gemeint, ein 1537 Meter hoher erloschener Vulkan, der sich 25 Kilometer östlich der Stadt Nagaoka 長岡市 erhebt.

[2] Die historische Provinz Echigo 越後国 lag im Nordwesten der japanischen Hauptinsel Honshu 本州. Zusammen mit der historischen Provinz Sado 佐渡国 bildet sie heute die Präfektur Niigata 新潟県.

[3] Die Yamana 氏, die ihre Abstammung auf Minamoto no Yoshishige 源 義重 zurückführten, waren in der Muromachi-Zeit (1336–1573) eine der mächtigsten Samurai-Familien Japans. Zeitweise bekleideten Mitglieder der Familie in 11 der 66 Provinzen die Position des Militärgouverneurs, Shugo 守護. Als Folge des Ōnin-Krieges 応

仁の乱, der von 1467 bis 1477 andauerte, verloren die Yamana den größten Teil ihres Landbesitzes und damit Macht und Einfluss.

4 Ajari 闍梨 ist ein im Tendai- 天台宗 und Shingon-Buddhismus 真言宗 gebräuchlicher Titel für einen erfahrenen Priester, der durch seine Weisheit und sein beispielhaftes Verhalten befähigt ist, Schüler in die buddhistischen Lehren einzuweisen.

5 Die Ōtomo 大友氏 waren von der Kamakura- (1185–1333) bis zur Sengoku-Zeit (1477–1573) eine der drei großen Samurai-Familien von Kyūshū.

6 Der Name Kiku kann mit „Abendsonne" übersetzt werden. Auch die Chrysantheme, die japanische Nationalblume, trägt den Namen Kiku 菊.

7 Die grabsteinartigen Ahnentafeln, Ihai 位牌, tragen die posthumen buddhistischen Namen, Kaimyō 戒名, verstorbener Personen. Normalerweise werden die Ihai in Privathaushalten am buddhistischen Hausaltar, Butsudan 仏壇, aufgestellt.

8 Teuflische Dämonen, die die Ausbreitung der Lehren Buddhas behindern, werden in Japan als Okuma 悪魔 bezeichnet.

9 Yasha 夜叉 stammen aus der hinduistischen Mythologie. Sie waren ursprünglich wohlwollende Naturgeister. In der buddhistischen Kosmologie können sie als wehrhafte Schutzgötter, aber auch als bluttrinkende und menschenfressende Dämonen in Erscheinung treten.

10 Das Gebiet der historischen Provinz Wakasa 若狭国 entsprach dem westlichen Teil der heutigen Präfektur Fukui 福井県.

11 Zusammen mit der neueren Variante Jōdo-shinshū 浄土真宗 ist die Jōdo-shū 浄土宗 heute die am meisten praktizierte Variante des Buddhismus in Japan. Im Mittelpunkt der Lehre der Jōdo-shū, die im Jahre 1175 durch den Mönch Hōnen 法然 begründet wurde, steht die Hoffnung auf die Wiedergeburt im Reinen Land 淨土 des Amida butsu 阿弥陀如来.

12 In anderen Versionen der Legende trägt nicht der Tempel, sondern der Berg, an dessen Fuß der Tempel liegt, den Namen Hakkotsuzan 白骨山.

Das Grab des Flötengeistes

Vor langer Zeit wurde in einem kleinen und abgelegenen Dorf namens Kumedamura, etwa acht Meilen südöstlich der Stadt Sakai in der Provinz Idsumo[1], ein Grab errichtet, das Fuezuka oder Flötengrab genannt wird. Noch heute besuchen viele Menschen den Ort, um zu beten und den Mann zu verehren, der dort begraben liegt. Das ganze Jahr über bringen sie Blumen und Räucherstäbchen als Opfergaben für dessen Seele.

Das Fuezuka-Grab liegt in der Nähe eines Teiches namens Kumeda[2], der einen Umfang von etwa fünf Meilen hat. Das Dorf an seinem Ufer heißt Kumedamura.

Wessen Grab mag es sein, das so viele Menschen anlockt? Das Grab schmückt nur eine einfache Steinsäule, die keinen künstlerischen Wert hat. Auch die umliegende Landschaft ist nicht interessant. Sie ist flach und unansehnlich, bis hin zu den Bergen von Kiushu. Lassen Sie mich erklären, um wessen Grab es sich handelt.

Vor etwa siebzig oder achtzig Jahren lebte in der Nähe des Teiches im Dorf Kumedamura ein blinder Amma[3] namens Yoichi. Yoichi war bei den Leuten aufgrund seines ehrlichen und freundlichen Wesens sehr beliebt. Zudem beherrschte er die Kunst der Massage meisterlich, eine Behandlung, die fast jeder Japaner regelmäßig in Anspruch nimmt. Man kann kaum ein Dorf finden, in dem es keinen Amma gibt.

Yoichi war blind und trug einen eisernen Stab, mit dem er sich vorantasten konnte, und – wie alle Männer seines Berufes – eine Flöte, mit der er die Leute wissen ließ, dass er bereit war für deren Aufträge. Als Meister seines Faches bekam Yoichi viele Aufträge, was ihm einen bescheidenen Wohlstand bescherte. Er hatte sein eigenes kleines Haus und einen Bediensteten, der sein Essen zubereitete.

Nicht weit von Yoichis Wohnort entfernt befand sich ein kleines Teehaus am Ufer des Sees. Eines Abends, während der Kirschblütenzeit im April, war Yoichi nach einem langen Arbeitstag auf dem Weg nach Hause. Kurz vor Einbruch der Dunkelheit kam er an dem Teich vorbei. Dort hörte er eine junge Frau kläglich weinen. Er hielt an und realisierte sofort, dass sie im

Begriff war, sich das Leben zu nehmen. Gerade als die Frau in den See stieg, konnte Yoichi sie an ihrem Kleid packen und an Land ziehen.

„Wer seid Ihr, und was hat Euch in solche Schwierigkeiten gebracht, dass Ihr sterben wollt?“, fragte er.

„Ich bin Asayo, das Mädchen aus dem Teehaus“, antwortete sie. „Ihr kennt mich recht gut. Glaubt mir, mein Meister bezahlt mich so schlecht, dass ich davon nicht leben kann. Ich habe jetzt seit zwei Tagen nichts gegessen und bin meines Lebens müde.“

„Kommt mit!“, sagte der blinde Mann. „Trocknet Eure Tränen. Ich werde Euch mit zu mir nach Hause nehmen und mein Möglichstes tun, um Euch zu helfen. Ihr seid erst fünfundzwanzig Jahre alt, und mir wurde zugetragen, dass Ihr sehr hübsch seid. Bestimmt könnt Ihr heiraten! Ich werde mich um Euch kümmern. Ihr dürft nicht daran denken, Euch das Leben zu nehmen. Kommt jetzt mit mir und ich werde dafür sorgen, dass Ihr genug zu essen und trockene Kleidung bekommt.“

Und so nahm Yoichi Asayo mit zu sich nach Hause.

Kurze Zeit später waren die beiden verheiratet. Waren sie auch glücklich? Nun, sie hätten es sein sollen, denn Yoichi behandelte seine Frau äußerst zuvorkommend. Doch sie war anders als ihr Ehemann – egoistisch, missgelaunt und untreu. In den Augen der Japaner ist Untreue die schlimmste Sünde, und als besonders verwerflich gilt, wenn eine Frau ihren blinden Ehemann ausnutzt.

Etwa drei Monate nach ihrer Heirat, an einem heißen Augusttag, kam eine Gruppe von Schauspielern ins Dorf. Unter ihnen war Sawamura Tamataro, der sich in Asakusa[4] einen guten Ruf erworben hatte.

Asayo, die der Schauspielkunst zugeneigt war, verwandte fortan einen Großteil ihrer Zeit und des Geldes ihres Mannes damit, ins Theater zu gehen. Es waren nur wenige Tage vergangen, als sie sich heftig in Tamataro verliebte. Sie schickte ihm Geld, das ihr blinder Ehemann mit harter Arbeit verdient hatte. Asayo schrieb Tamataro Liebesbriefe und bat den Schauspieler, ihn besuchen zu dürfen. Sie führte sich wahrhaft schändlich auf.

Die Situation wurde immer schlimmer. Die geheimen Treffen von Asayo mit dem Schauspieler schockierten die Nachbarschaft. Wie so oft in solchen Fällen, bekam der Ehemann nichts davon mit. Wenn Yoichi nach Hause kam, war der Schauspieler häufig zugegen. Doch er gab sich nicht zu erkennen und Asayo ließ ihn heimlich hinaus. Manchmal ging sie sogar mit ihm.

Jeder im Dorf hatte Mitleid mit dem blinden Masseur, aber zunächst wollte ihm keiner von der Untreue seiner Frau erzählen. Doch schließlich fasste sich einer von Yoichis Kunden ein Herz. Während einer Massage berichtete er dem gehörnten Ehemann von Asayos Verhalten. Yoichi wollte es nicht glauben.

„Doch, es ist wahr", bestätigte auch der Sohn des Kunden. „Gerade jetzt ist der Schauspieler Tamataro bei Eurer Frau. Kaum hattet Ihr Euer Haus verlassen, ist er reingeschlichen. Das macht er jeden Tag, und wir alle können es sehen. Wir haben Mitleid mit Euch und würden Euch gerne helfen, die untreue Frau zu bestrafen."

Yoichi war zutiefst betrübt, denn er wusste, dass die Leute die Wahrheit sagten. Aber, obwohl er blind war, wollte er keine Hilfe annehmen, um seine Frau zu überführen. Er lief so schnell nach Hause, wie es seine Behinderung zuließ, wobei er darauf achtete, mit seinem Stab keinen Lärm zu machen.

Yoichi fand die Eingangstür seines Hauses von innen verschlossen vor. Auch die Hintertür konnte er nicht öffnen. Es gab keine Möglichkeit hineinzugelangen, ohne eine Tür aufzubrechen. Yoichi war sehr aufgeregt, denn er wusste, dass seine untreue Frau und ihr Geliebter im Haus waren – wie gerne hätte er sie beide getötet. Die Wut gab ihm Kraft und so kletterte er die Hauswand nach oben, bis er den höchsten Punkt des Daches erreicht hatte. Er wollte sich durch das Tem-Mado[5] in den Wohnraum hinunterlassen. Doch das Strohseil, dass er verwendete, konnte sein Gewicht nicht tragen. Er fiel nach unten und schlug hart auf dem Kinuta[6] auf. Dabei brach er sich das Genick und starb auf der Stelle.

Als Asayo und der Schauspieler das Geräusch hörten, gingen sie vom Schlafgemach in den Wohnraum, um zu sehen, was passiert war. Erfreut nahmen sie zur Kenntnis, dass der arme Yoichi tödlich verunglückt war. Erst am nächsten Tag meldeten sie den Vorfall. Sie behaupteten, der Blinde sei die Treppe hinuntergefallen und dabei zu Tode gekommen. Asayo ließ den Leichnam in aller Eile beisetzen, ohne ihm den angemessenen Respekt zu erweisen.

Yoichi hatte keine Kinder, und so ging sein gesamtes Vermögen nach japanischem Recht an seine untreue Frau. Nur wenige Monate später waren Asayo und der Schauspieler verheiratet. Sie schienen glücklich zu sein, obwohl keiner im Dorf Kumedamura Sympathien für sie hegte. Noch immer waren alle davon angewidert, wie sie sich gegenüber dem armen blinden Amma Yoichi verhalten hatten.

Die Monate vergingen und schon bald interessierte sich niemand mehr für Asayo und ihren Ehemann. Die beiden waren meist mit sich selbst beschäftigt und hatten kein Interesse an Kontakten zu den anderen Dorfbewohnern. Die Klatschmäuler verstummten, und schon bald schien die Geschichte von Yoichi, Asayo und Tamataro vergessen zu sein.

Doch niemand sollte sich sicher fühlen, solange die Seele eines Menschen, der durch ein Unrecht zu Tode kam, ungerächt bleibt.

In einer der westlichen Provinzen, in einem kleinen Dorf namens Minato, lebte Okuda Ichibei, einer der besten Freunde Yoichis. Die beiden waren zusammen zur Schule gegangen und hatten einander versprochen, sich in Zeiten der Not zu helfen. Nachdem Yoichi erblindet war, hatte Ichibei ihm ermöglicht, ein Geschäft als Amma aufzubauen. Er überließ ihm ein Haus in Kumeda, das er geerbt hatte. Und nun verfügte das Schicksal erneut, dass Ichibei seinem Freund helfen konnte. Zu dieser Zeit verbreiteten sich Nachrichten nur langsam und so hatte Ichibei noch nicht von Yoichis Ehe und von seinem Tod gehört.

Als Ichibei eines Nachts aufwachte, sah er im Dämmerlicht in der Nähe seiner Schlafstätte einen Mann stehen, den er nach und nach als Yoichi erkannte!

„Yoichi! Ich bin so froh, dich zu sehen“, sagte er, „aber es ist schon spät! Warum hast du mich nicht wissen lassen, dass du kommst? Ich hätte dir einen herzlichen Empfang und eine warme Mahlzeit bereiten können. Egal! Ich rufe einen Diener, der sogleich alles arrangieren wird. Setz dich in der Zwischenzeit und erzähle mir, was es Neues gibt und warum du dich auf die beschwerliche Reise von Kumedamura durch die wilde Bergregion bis hierher begeben hast. Für einen Blinden ist das eine außergewöhnliche Leistung.“

„Ich gehöre nicht mehr zu den Lebenden. Tatsächlich bin ich der Geist deines Freundes Yoichi, und ich muss solange umherwandern, bis ich Rache für ein großen Unrecht genommen habe, das mir zugefügt wurde. Ich bitte dich inständig mir zu helfen, damit mein Geist zur Ruhe kommt. Lass mich erzählen, was passiert ist. Dann kannst du entscheiden, was du tun möchtest."

Schockiert nahm Ichibei zur Kenntnis, dass er sich in Gesellschaft eines Geistes befand. Er war jedoch ein tapferer Mann und Yoichi sein bester Freund. Dessen Tod betrübte ihn zutiefst. Er war bereit, die ganze Geschichte zu hören und versprach seinem Freund zu helfen.

Der Geist berichtete, was geschehen war, seit Yoichi das Haus in Kumedamura übernommen hatte. Er erzählte von seinem Erfolg als Masseur, wie er Asayo das Leben gerettet hatte, wie er sie in sein Haus gebracht und anschließend geheiratet hatte, von der Ankunft der verfluchten Schauspielergruppe, zu der auch der Mann gehörte, der sein Leben ruiniert hat, von seinem eigenen Tod und dem hastigen Begräbnis sowie von der Ehe zwischen Asayo und dem Schauspieler. „Das Unrecht, das mir zuteilwurde, muss gerächt werden. Wirst du mir helfen, Gerechtigkeit zu finden?"

Ichibei versprach es und fiel in einen tiefen Schlaf, nachdem Yoichis Geist verschwunden war.

Am nächsten Morgen glaubte Ichibei zunächst, er hätte geträumt. Doch die Erinnerung an die Erscheinung und deren Erzählung war so klar und deutlich, dass er sie doch für real hielt. Als er sich beim Aufstehen umdrehte, entdeckte er eine metallisch glänzende Flöte, die neben seinem Kissen lag. Es handelte sich um die Flöte eines blinden Amma, auf der Yoichis Name eingraviert war.

Ichibei beschloss, sich auf den Weg nach Kumedamura zu machen, um die Angelegenheit vor Ort zu klären.

In jenen Zeiten, als es noch keine Eisenbahn und nur wenige Rikschas gab[7], war das Reisen mühsam und langwierig. Ichibei benötigte zehn Tage, um Kumedamura zu erreichen. Er ging sofort zum Haus seines Freundes Yoichi, wo ihm die ganze Geschichte erneut erzählt wurde, nun in der Version von Asayo:

„Ja, er hat mein Leben gerettet. Wir waren verheiratet und ich half meinem blinden Mann, wo immer ich konnte. Leider verwechselte er eines Tages die Tür mit einer Treppe, stürzte herunter und kam dabei zu Tode. Nun bin ich mit einem seiner besten Freunde verheiratet, einem Schauspieler namens Tamataro."

Ichibei konnte sich nicht vorstellen, dass der Geist von Yoichi ihm Lügen erzählt und ihn zu Unrecht um Rache gebeten hätte. Deshalb setzte er die Befragung von Asayo und ihrem Ehemann fort. Er hörte sich ihre Lügen an und überlegte, wie er damit umgehen sollte.

So verging Stunde um Stunde. Um Mitternacht, als Asayo Ichibei zum sechsten oder siebten Mal versichert hatte, dass sie alles Mögliche für ihren blinden Ehemann getan hätte, kam plötzlich ein Windsturm auf, und in dem Tosen war der Klang der Amma-Flöte zu hören, ganz so wie Yoichi sie spielte. Es war so unverkennbar sein Spiel, dass Asayo vor Angst aufschrie.

Der Klang der Flöte kam immer näher, bis sie schließlich im Raum selbst zu sein schien. In diesem Moment wehte ein frostiger Wind durch das Tem-Mado, und der Geist von Yoichi erschien – ein kalter, weiß leuchtender und trauriger Geist. Tamataro und seine Frau wollten aufspringen und das Haus fluchtartig verlassen, doch schaudernd vor Angst versagten ihre Beine den Dienst.

Tamataro ergriff eine Lampe und schleuderte sie dem Geist entgegen. Sie flog ohne Widerstand durch die Erscheinung hindurch und zerbrach hell auflodernd am Boden. Angeheizt durch den Wind ging das Haus rasch in Flammen auf. Ichibei konnte entkommen. Asayo und ihr Ehemann waren noch immer gelähmt vor Schreck. In Anwesenheit von Yoichis Geist wurden sie ein Opfer der Flammen. Ihre Schreie hallten laut und durchdringend durch den Ort.

Ichibei ließ die Asche der beiden aufsammeln und in ein Grab legen. Die Flöte des blinden Amma wurde an einem anderen Ort beigesetzt. In Gedenken an Yoichi errichtete man an dem Platz, an dem sein Haus gestanden hatte, ein Monument. Man nennt es Fuezuka no Kwaidan – das Grab des Flötengeistes.

---

[1] Die historische Provinz Izumi 和泉国 bildet heute den südwestlichen Teil der Präfektur Ōsaka 大阪府. In der Stadt Sakai 堺市, an der Bucht von Ōsaka, befand sich

ein Hafen, der im 15. Jahrhundert durch den Handel mit China eine hohe Bedeutung erlangte.

2 Noch heute existiert der Kumeda-ike 久米田池, ein kleiner Teich, der im dichtbesiedelten Stadtgebiet von Kishiwada 岸和田市, 20 km entfernt von Osakas Flughafen Kansai 関西国際空港, liegt. Im Jahre 1562 erlangte der Ort Berühmtheit, als in der Schlacht von Kumeda 久米田の戦い 50.000 Soldaten, die von Takamasa Hatakeyama 畠山高政 und Miyoshi Yoshikata 三好義賢 angeführt wurden, aufeinandertrafen.

3 Der Begriff Anma 按 bezeichnet sowohl eine Form der traditionellen japanischen Massage als auch die Praktizierenden dieser Kunst. Anma leitet sich von der chinesischen Tui-Na-Massage 推拿 ab, die in der Nara-Zeit (710–793) zusammen mit anderen Techniken der traditionellen chinesischen Medizin nach Japan übernommen und dort zunächst in staatlich geförderten Krankenanstalten praktiziert wurde. Im 17. Jahrhundert gründete Sugiyama Waichi 杉山和一, der selbst infolge einer Erkrankung das Augenlicht eingebüßt hatte, mehrere medizinische Schulen für Blinde, in denen die Anma-Massage gelehrt wurde. In der Edo-Zeit (1603–1868) wurden Edikte erlassen, nach denen Anma ausschließlich von Blinden praktiziert werden durfte. Bei der Anma-Massage werden Techniken wie Kneten, Reiben, Klopfen und Schütteln verwendet, die am Körper gemäß den Lehren der traditionellen chinesischen Medizin auf bestimmte wichtige Punkte und Meridiane gerichtet sind. Die Behandlung dient der körperlichen, geistigen und spirituellen Heilung des Patienten und erfolgt in der Regel durch die Kleidung und nicht direkt auf der Haut. Die moderne Shiatsu-Technik ist weitgehend von Anma abgeleitet.

4 Asakusa 浅草 ist heute ein Stadtteil Tōkyōs, in dem man neben dem ältesten Tempel der Stadt, Sensō-ji 浅草寺, eine Vielzahl von Theatern und Kinos findet. Bereits in der Edo-Zeit entwickelte sich das Viertel zu einem Unterhaltungszentrum, in dem sich Kabuki- 歌舞伎 und Rakugo-Theater 落語 ansiedelten.

5 Eine Dachluke, die in japanischen Häusern anstelle eines Schornsteins als Auslass für Rauchgase dienen kann, wird als Tenmado 天窓 bezeichnet.

6 Kinuta 砧 ist die Bezeichnung für einen massiven Block aus Holz oder Stein, auf dem im japanischen Haushalt Kleidung geglättet wurde.

7 Basierend auf britischer Technologie wurde im Jahre 1872 die erste japanische Eisenbahnstrecke zwischen Tōkyō und Yokohama errichtet. Die Jinrikisha 人力車, ein zweirädriges Gefährt zur Personenbeförderung, dass von einem Menschen gezogen wird, soll in den 1860er Jahren von dem Baptistenmissionar Jonathan Gable während seines Aufenthaltes in Tōkyō erfunden worden sein. Die zuvor von Japanern genutzten Sänften, Kago 駕, waren den westlichen Besuchern zu eng und unkomfortabel.

Das Geheimnis des Teichs von Iidamachi

Im ersten Jahr der Bunkiu-Ära[1] lebte in Kasumigaseki, im Bezirk Kojimachi[2], ein Mann namens Yehara Keisuke. Er war ein Hatomoto[3], ein Vasall des Shogun, und deshalb ein Mann, dem Respekt gebührte. Yehara war wegen seiner Herzensgüte und seiner Fairness im Umgang mit Menschen sehr beliebt.

In Iidamachi[4] lebte ein weiterer Hatomoto, Hayashi Hayato. Er war seit fünf Jahren mit Yeharas Schwester glücklich verheiratet. Ihre Tochter, die jetzt vier Jahre alt war, war der ganze Stolz des Paares. Das Haus, das sie bewohnten, war ziemlich baufällig, aber es war Hayashis eigenes, mit einem Teich davor und zwei Farmen. Der gesamte Besitz umfasste etwa zweihundert Hektar, von denen fast die Hälfte bewirtschaftet wurde. So konnte Hayashi gut leben, ohne viel zu arbeiten. Im Sommer fischte er nach Karpfen, im Winter schrieb er Gedichte.

Als die Geschichte, von der hier erzählt wird, ihren Anfang nahm, hatte Hayashi eine ruhige Zeit. Reis und Süßkartoffeln[5] waren gepflanzt und so verbrachte er die meiste Zeit zusammen mit seiner Frau beim Fischen an dem Teich, wo sich Suppon[6] und Koi[7] tummelten. Doch plötzlich lief alles aus dem Ruder.

Eines Morgens bekam Yehara überraschend Besuch von seiner Schwester O Kome.

„Ich bin gekommen, lieber Bruder“, sagte sie, „weil ich deine Hilfe benötige, um die Trennung von meinem Mann zu erwirken.“

„Scheidung!“ Warum willst du dich scheiden lassen? Hast du nicht immer gesagt, dass du mit deinem Mann glücklich bist, mit meinem lieben Freund Hayashi? Warum nur willst du diesen Schritt ergreifen? Ihr seid nun schon fünf Jahre verheiratet, und das zeigt doch, dass ihr glücklich wart und dass Hayashi dich gut behandelt hat.“

Zuerst wollte O Kome keinen Grund für ihre Trennungspläne nennen, doch dann sagte sie:

„Bruder, du darfst nicht glauben, dass Hayashi mich schlecht behandelt hat. Er ist immer gut zu mir gewesen und wir lieben einander zutiefst. Doch, wie du weißt, sind das Land und die Höfe, auf denen wir Leben, seit dreihundert Jahren im Besitz seiner Familie. Nichts würde ihn dazu bewegen, seinen Wohnsitz zu wechseln und das hätte ich bis vor etwa zwölf Tagen auch nicht von ihm verlangt."

„Was ist denn nur in den letzten zwölf Tagen passiert?", fragte Yehara.

„Lieber Bruder, ich kann es nicht länger ertragen", war die Antwort seiner Schwester. „Bis vor zwölf Tagen ging alles gut, aber dann geschah etwas Schreckliches. Eines Abends saß ich vor unserem Haus. Es war dunkel und warm. Ich schaute den Wolken nach, die über den Mond zogen, während ich mit meiner Tochter sprach. Plötzlich erschien eine weiße Gestalt, die über die Lilien im Teich zu laufen schien. Oh, so weiß, so nass und so elend anzuschauen! Sie schien sich aus dem Teich zu erheben und in der Luft zu schweben. Dann näherte sie sich mir langsam bis auf zehn Fuß. Mein Kind rief: ‚Mutter, warum kommt O Sumi, du kennst doch O Sumi?' Ich glaube, ich habe geantwortet, dass ich sie nicht kenne. Aber ich war so erschrocken, dass ich kaum noch weiß, was ich sagte. Die Gestalt war schrecklich anzuschauen. Es war die eines Mädchens von achtzehn oder neunzehn Jahren, mit zerzaustem und lose herabhängendem Haar, das über ihre weißen und nassen Schultern fiel. ‚Helft mir! Helft mir!', schrie die Gestalt, und ich war so erschrocken, dass ich mir die Augen zuhielt und nach meinem Mann rief, der sich drinnen aufhielt. Er kam heraus und fand mich in einer tiefen Ohnmacht, mit dem Kind an meiner Seite, das ebenfalls völlig verstört war. Hayashi hatte nichts gesehen. Er trug uns beide ins Haus, schloss die Türen und sagte mir, dass ich wohl geträumt hätte. ‚Vielleicht', fügte er sarkastisch hinzu, ‚hast du den Kappa[8] gesehen, von dem man sagt, er wohne in unserem Teich, den aber seit über hundert Jahren keiner aus meiner Familie mehr gesehen hat.' Das ist alles, was mein Mann zu diesem Thema sagte. In der nächsten Nacht jedoch, als ich mich gerade zum Schlafen gelegt hatte, griff mein Kind nach mir und rief entsetzt: ‚O Sumi, hier ist O Sumi, wie schrecklich sie aussieht! Mutter, Mutter, kannst du sie sehen?' Ich habe sie gesehen. Sie stand triefend nass nur wenige Meter von meiner Schlafstätte entfernt, und das Weiße und die Nässe und das zerzauste Haar gaben ihr ein schreckliches Aussehen. ‚Helft mir, helft mir!', schrie die Gestalt, bevor sie verschwand. Danach konnte ich nicht mehr schlafen und auch mein Kind war nicht zu beruhigen. In jeder der darauffolgenden Nächte ist der Geist gekommen – O Sumi, wie mein Kind sie nennt. Ich würde mir das Leben nehmen, wenn ich noch länger in diesem Haus bleiben müsste, das für mich und mein Kind zu einem fürchterlichen Schrecken geworden ist. Mein Mann sieht den Geist nicht und er lacht mich nur aus. Deshalb sehe ich keinen anderen Ausweg als eine Trennung."

Yehara versprach seiner Schwester, dass er am nächsten Tag Hayashi aufsuchen würde, und schickte sie noch am selben Abend zu ihrem Mann zurück.

Am nächsten Tag erklärte Hayashi, nachdem er Yeharas Ausführungen gehört hatte:

„Es ist sehr seltsam. Ich wurde vor über zwanzig Jahren in diesem Haus geboren, aber ich habe den Geist, von dem meine Frau spricht, nie gesehen. Niemals habe ich auch nur die geringste Anspielung darauf von meinem Vater oder meiner Mutter gehört. Ich werde mich bei allen meinen Nachbarn und Bediensteten erkundigen, ob ihnen jemals von einem Geist berichtet wurde, oder vielleicht von einem Menschen, der an diesem Ort plötzlich und unerwartet verstorben ist. Es muss eine Erklärung geben. Es ist unmöglich, dass mein Kind den Geist ‚O Sumi' nennt, obwohl sie nie jemanden gekannt hat, der diesen Namen trug."

Es wurden Nachforschungen angestellt, aber weder von den Bediensteten noch von den Nachbarn konnte man etwas Nützliches in Erfahrung bringen. Da der Geist immer durchnässt in Erscheinung trat, kam Hayashi zu dem Schluss, dass man den Teich austrocknen musste. So könnte man vielleicht die Überreste einer Verstorbenen entdecken und ihr ein anständiges Begräbnis zukommen lassen. Danach müsste sie den Frieden finden.

Der Teich war alt und tief, mit Wasserpflanzen bewachsen und wohl noch nie geleert worden. Man sagte, er beherberge einen Kappa. Auf jeden Fall gab es viele Sumpfschildkröten, deren Fang die Kosten für die Entleerung amortisieren würde. Das Wasser des Teiches wurde am Ufer abgeleitet und der verbliebene Rest ausgeschöpft. Am nächsten Tag war nur noch eine kleine Lache im tiefsten Teil übrig. Hayashi beschloss, auch diese zu beseitigen und im Schlamm darunter zu graben.

In diesem Moment kam Hayashis Großmutter, eine alte Frau von etwa achtzig Jahren, zum Teich und sagte:

„Mach dir keine Mühe. Du brauchst nicht weiter zu graben. Ich bin bereit, dir alles über den Geist zu erzählen. O Sumi findet keine Ruhe und es ist ihr Geist, der deiner Frau und deiner Tochter erschienen ist. Es ist meine Schuld, ich habe gesündigt. Hör mir zu, ich werde dir alles erzählen."

Die Anwesenden hörten ihre Worte mit Erstaunen. Sie ahnten, dass gleich ein Geheimnis gelüftet werden würde. Die alte Frau fuhr fort:

„Als dein Großvater noch lebte, wohnte bei uns ein hübsches Dienstmädchen, siebzehn Jahre alt, namens O Sumi. Dein Großvater war in die junge Frau verliebt, und sie in ihn. Ich war damals etwa dreißig Jahre alt und eifersüchtig, denn meine Schönheit verblasste bereits. Eines Tages, als dein Großvater unterwegs war, nahm ich O Sumi mit zum Teich und verpasste ihr eine heftige Tracht Prügel. Im Verlaufe des Kampfes fiel sie ins Wasser und verhedderte sich in den Teichpflanzen. Dort ließ ich sie zurück, im vollen Glauben, dass das Wasser seicht sei und dass sie alleine herauskommen könne. Doch sie schaffte es nicht und ertrank. Als dein Großvater zurückkam, fand er ihre Leiche. In jenen Tagen nahm es die Polizei bei ihren Ermittlungen nicht sehr genau. Das Mädchen wurde begraben und niemand fragte mich nach den Umständen ihres Todes. Schon bald war die Sache vergessen. Vor vierzehn Tagen jährte sich diese Tragödie zum fünfzigsten Mal. Gewiss ist das der Grund dafür, dass der Geist aufgetaucht ist. O Sumi ist deiner Tochter ganz bestimmt schon des Öfteren erschienen und hat ihr dabei ihren Namen offenbart."

Die alte Frau zitterte vor Angst und bat alle Anwesenden, Gebete für O Sumi zu sprechen. Dies wurde getan, und der Geist ward nicht mehr gesehen.

Hayashi sagte:

„Obwohl ich ein Samurai bin und viele Bücher gelesen habe, wollte ich nie an Geister glauben – aber jetzt tue ich es."

---

[1] Die Bunkyū-Ära 文久年号, in der Kaiser Kōmei 孝明天皇 das Land regierte, umfasste die Zeit von März 1861 bis März 1864.

[2] Kasumigaseki 霞が関 und Kojimachi 麹町 sind heute zwei Stadtteile im zentralen Tōkyōter Bezirk Chiyoda 千代田区, die im Westen an den Kaiserpalast 皇居 grenzen. Zu der Zeit, in der die vorliegende Geschichte spielt, lag an der Stelle der heutigen kaiserlichen Residenz die Burg Edo 江戸城, der Sitz des Tokugawa Shōgunats 徳川氏幕府.

[3] Der der Rang des Hatamoto-Samurai 旗本侍 entstand in der Sengoku-Periode 戦国時代 (1477–1573), der Zeit der streitenden Reiche. Die Hatamoto-Samurai bildeten die Elitetruppe der Daimyōs, später der Shōgune. In der Edo-Zeit (1603–1868) wurden die Hatamoto-Samurai aus den Familien rekrutiert, die in der Schlacht von Sekigahara 関ヶ原の戦い auf Seiten des Tokugawa-Shōgunats gekämpft hatten. Mit dem Bakumatsu 幕末, der Rückgabe der Herrschaft des Shōguns an den Kaiser im Jahre 1867, wurde der Titel des Hatamoto-Samurai abgeschafft.

[4] Der Stadtteil Iidamachi 飯田町 lag ebenfalls im Bezirk Chiyoda, nördlich der Burg Edo.

[5] Gemeint ist eigentlich die Taro-Wurzel, Satoimo 里芋, die in Japan, ähnlich wie Reispflanzen, in nassen, terrassenförmigen Böden angebaut wird.

[6] Die Chinesische Weichschildkröte, *Pelodiscus sinensis,* Suppon 鼈, gilt auch heute noch in der gehobenen Gastronomie von Tōkyō und Kyōto als extravagante Delikatesse, deren Genuss eine heilende und aphrodisierende Wirkung nachgesagt wird. In der Roten Liste der Weltnaturschutzunion wird die Chinesische Weichschildkröte als gefährdete Art aufgeführt.

[7] Der japanische Karpfen, Koi 鯉, wurde lange Zeit als Speisefisch verwendet, bevor er ab etwa 1870 von Adeligen am Kaiserhof aufwendig gezüchtet und als Statussymbol gehalten wurde.

[8] Der Kappa 河童 ist eine der bekanntesten Kreaturen der japanischen Mythologie. Geschichten über Kappas wurden jahrhundertelang mündlich überliefert. In der zu Beginn des 18. Jahrhunderts erschienenen Naturenzyklopädie Wakan sansai zue 和漢三才図会 wurden diese Fabelwesen erstmals schriftlich erwähnt. Ihnen werden sowohl dämonische als auch göttliche Charakterzüge zugesprochen. Im Volksglauben sind Kappas koboldartige Wesen, die in der Nähe von Flüssen und Teichen hausen. Ihr Körper trägt Züge einer Schildkröte aber auch eines Makaken. Auffälligstes Merkmal ist eine Delle in der Schädeldecke, die stets mit Wasser gefüllt sein muss, um die Kraft des Wesens zu erhalten.

Yenokis Geist

In der Provinz Idsumi[1] gibt es einen Berg, der Oki-yama oder Oji-yama genannt wird. Er grenzt an die Mamaru-Berge. Ich kann mich nicht dafür verbürgen, dass ich die Schreibweise korrekt wiedergegeben habe. Die Geschichte wurde mir von Fukuga Sei erzählt und von Herrn Ando, der in unserem Konsulat in Kobe[2] als Übersetzer tätig ist, ins Englische übertragen. Beide geben den Namen des Berges als Oki-yama an und sagen, dass sich auf seinem Gipfel seit jeher ein Tempel befindet, der Fudo-myo-o[3] gewidmet ist. In Sanskrit wird dieser Gott Achala genannt, was „unbeweglich" bedeutet. In Darstellungen ist er immer von Feuer umgeben, klaglos in sitzender Haltung, als Beispiel für andere. In der einen Hand trägt er ein Schwert, in der anderen ein Seil, als Warnung, dass Strafe auf diejenigen wartet, die nicht in der Lage sind, die schmerzhaften Aufgaben des Lebens ehrenvoll zu meistern.

Wie gesagt, auf dem Gipfel des Oki-yama befindet sich dieser alte Tempel für Fudo. Jedes Jahr kommen viele Pilger dorthin. Der Berg selbst ist mit Wäldern bedeckt. Es gibt dort einige bemerkenswerte Kryptomerien, Kampferbäume und Kiefern.

Vor vielen Jahren lebten dort nur wenige Priester. Unter ihnen war ein Mann mittleren Alters namens Yenoki, der sich um Erhalt und Pflege der Tempelanlage kümmerte. Zwanzig Jahre lang hatte Yenoki im Tempel gelebt und doch niemals einen Blick auf die Figur des Fudo geworfen. Sie war in einen Schrein eingeschlossen, einzig der Oberpriester kannte ihr Aussehen. Eines Tages wurde Yenoki von seiner Neugierde übermannt. Früh am Morgen war die Tür des Schreins nicht ganz verschlossen. Yenoki blickte hinein, konnte aber nichts erkennen. Als er sich wieder dem Licht zuwandte, stellte er mit Entsetzen fest, dass das Auge, mit dem er in den Schrein geschaut hatte, erblindet war.

Als ihm bewusstwurde, dass die Strafe des zornigen Gottes ihn getroffen hatte, begann er ein hunderttägiges Fasten. Doch mit dieser Form der Reue konnte er Fudo nicht besänftigen. Im Gegenteil, der Gott verwandelte ihn in einen Tengu[4], das sind langnasige Teufel, die in den Bergen wohnen.

Yenoki setzte seine Tätigkeit im Tempel fort und gab sich den Namen Ichigan Hoshi – der einäugige Priester. Nach einem Jahr starb er und man sagt, dass sein Geist dabei in einen riesigen Kryptomerienbaum fuhr, der weiter oben an der Ostseite des Berges stand. Bei Sturm beteten Seeleute, die die Chinu-See befuhren, zum einäugigen Priester. Wenn ein Licht am Gipfel des Oki-yama zu sehen war, dann wussten sie, dass ihr Schiff nicht verlorengehen würde, egal wie rau die See auch war.

Man kann sogar sagen, dass dem Geist des einäugigen Priesters und dem Baum, in den er sich geflüchtet hatte, mehr Bedeutung beigemessen wurde als dem Tempel selbst. Der Baum wurde die „Unterkunft des einäugigen Priesters" genannt, und niemand wagte es, sich ihm zu nähern, nicht einmal die Holzfäller, die in den Wäldern am Berg arbeiteten. Der Kryptomerie war eine Quelle der Ehrfurcht und ein Objekt der Verehrung.

Am Fuße des Oki-yama befand sich ein einsames Dorf, das vom nächsten Ort mehr als zwei Ri[5] entfernt lag, und in dem es nur hundertdreißig Häuser gab.

Jedes Jahr feierten die Dorfbewohner das Ende des Bon[6], indem sie einen Tanz namens Bon Odori[7] aufführten. Wie die meisten anderen Dinge in Japan stehen der Bon und der Bon Odori in extremem Gegensatz zueinander. Der Bon ist eine Zeremonie für die Geister der Toten, von denen angenommen wird, dass sie jedes Jahr für drei Tage auf die Erde zurückkehren, um ihre Familienschreine zu besuchen – ein ernstes religiöses Fest, vergleichbar mit unserem Allerheiligen. Vom Bon-Odori-Tanz gibt es je nach Provinz sehr unterschiedliche Versionen. Die Sitte ist auf die Dörfer beschränkt. Die Tänze der hübschen Geishas in Kyoto kann man nicht dazu zählen, das sind nur Kopien davon. Der Bon Odori ist ein Tanz von Jungen und Mädchen, der auf dem Dorfanger stattfindet und fast bis zum Morgengrauen andauert. Dabei finden sich reichlich Gelegenheiten für heftige Flirts. Es gibt keine Anstandsdamen, und das wird schamlos ausgenutzt! Bisher tugendhafte Mädchen geben sich den jungen Männern hin und in dem Dorf, von dem diese Geschichte erzählt, sind es nicht nur sie, die sich gehen lassen, sondern sogar auch die jungen Bräute, die bereits versprochen sind.

Und so kam es, dass die Sitten der Bewohner des Dorfes am Fuße des Oki-yama, das so weit von den anderen Siedlungen entfernt lag, mehr und mehr verwahrlosten. Es gab keine Regeln, was ein Mädchen in den Nächten des

Bon Odori tun oder nicht tun durfte. Die Geschehnisse wurden immer schlimmer. In der Zeit, von der ich schreibe, herrschten während der Festtage anarchische Zustände. Und so geschah es, nach einem besonders festlichen Bon, in einer herrlichen Mondscheinnacht im August, dass die achtzehnjährige Kimi, reizende Tochter von Kurahashi Yozaemon, die ihrem Geliebten Kurosuke versprochen hatte, ihn an diesem Abend heimlich zu treffen, auf dem Weg zum Berg war. Nachdem sie das letzte Haus am Ausgang ihres Dorfes passiert hatte, kam sie zu einem dichten Wäldchen, an dessen Rand ein Mann stand, den Kimi zunächst für ihren Geliebten hielt. Als sie sich näherte, stellte sie fest, dass es sich nicht um Kurosuke handelte, sondern um einen sehr hübschen jungen Mann von etwa dreiundzwanzig Jahren. Er sprach sie nicht an und hielt sich ein wenig abseits. Wenn sie sich näherte, wich er zurück. Der junge Mann sah so gut aus, dass Kimi sofort das Begehren in sich aufsteigen fühlte. „Oh, wie mein Herz für ihn schlägt", sagte sie zu sich selbst. „Warum sollte ich Kurosuke nicht aufgeben? Er sieht längst nicht so gut aus wie dieser Mann, in den ich mich verliebt habe, bevor ich überhaupt mit ihm sprechen konnte. Jetzt, wo dieser Mann vor mir steht, beginne ich Kurosuke zu hassen."

Als Kimi dies sagte, lächelte die Gestalt und winkte sie zu sich. Da sie ein schlechtes Mädchen war, verroht in ihren Sitten, folgte sie ihm und ward nicht mehr gesehen. Ihre Familie war zutiefst beunruhigt. Eine Woche verging und Kimi kehrte nicht zurück.

Einige Tage später wartete Tamae, die sechzehnjährige Tochter von Kinsaku, die heimlich in den Sohn des Dorfvorstehers verliebt war, im Tempelgelände neben der Statue von Jizodo[8] auf ihren Angebeteten. Plötzlich stand in ihrer Nähe ein stattlicher Jüngling von dreiundzwanzig Jahren, wie im Fall von Kimi. Sie war von der Schönheit des jungen Mannes so sehr beeindruckt, dass sie, als er sie bei der Hand nahm und sie wegführte, keine Anstalten machte, sich zu widersetzen. Auch sie verschwand auf Nimmerwiedersehen.

Und so kam es, dass innerhalb kurzer Zeit neun verliebte Mädchen aus diesem kleinen Dorf verschwanden. Überall im Umkreis von dreißig Meilen redeten die Leute über die Vorgänge. Sie wunderten sich und äußerten sich abfällig über das Dorf und seine Bewohner.

Im Dorf am Oki-yama sagten die Ältesten:

„Ja, es ist wohl so, dass das unanständige Verhalten unserer Kinder beim Bon Odori den Geist des Priesters Yenoki erzürnt hat. Vielleicht ist er es selbst, der als hübscher Jüngling erscheint und unsere Töchter entführt."

Schon bald glaubten alle, dass der Yenoki-Baum für das Verschwinden der jungen Frauen aus dem Dorf verantwortlich sei. Die Leute blieben Tag und Nacht in ihren Häusern und verriegelten die Türen. Die Felder wurden nicht mehr bestellt, das Holz in den Wäldern nicht geschnitten – alles kam zum Stillstand. Gerüchte über den Zustand des Dorfes machten rasch die Runde. Der Feudalherr von Kishiwada[9] wurde unruhig und rief Sonobe Hayama, den berühmtesten Schwertkämpfer in diesem Teil Japans, zu sich.

„Sonobe, Ihr seid der mutigste Mann, den ich kenne, und der beste Kämpfer. Geht zu dem Dorf und untersucht den Baum, in dem der Geist von Yenoki wohnt. Ihr müsst nach eigenem Ermessen vorgehen. Ich kann Euch keine Ratschläge erteilen, was zu tun ist. Es liegt nun an Euch, das Geheimnis des Verschwindens der neun Mädchen zu lüften."

„Mein Herr", erwiderte Sonobe, „mein Leben liegt in Eurer Hand. Ich werde entweder das Geheimnis lüften oder sterben."

Nach dem Gespräch mit seinem Herrn ging Sonobe nach Hause, um sich einer reinigenden Kur zu unterziehen. Er fastete und badete eine Woche lang und machte sich dann auf den Weg zum Oki-yama.

Es war im Monat Oktober bei herrlichem Wetter. Sonobe stieg auf den Berg und ging direkt zum Tempel, den er um drei Uhr nachmittags erreichte. Hier betete er eine halbe Stunde lang vor dem Gott Fudo. Dann setzte er seinen Weg fort, indem er ein kurzes Tal zu durchquerte, das weiter hinauf zum Gipfel des Oki-yama und zu dem Baum führte, in dem der Geist des einäugigen Priesters Yenoki wohnte.

Es war ein langer und steiler Aufstieg. Die Wege waren unbefestigt, denn der Berg wurde von den Holzfällern möglichst gemieden. Keiner von ihnen hatte jemals daran gedacht, bis zum Yenokibaum aufzusteigen. Sonobe hingegen war mutig und in guter körperlicher Verfassung. In dem dichten Wald hing ein kühler Nebel, der von der Gischt eines hohen Wasserfalls herrührte. Es war eine einsame Gegend, doch mehrmals legte Sonobe seine Hand auf den Griff des Schwertes, weil er Geräusche hörte, die ihn ahnen ließen, dass er verfolgt wurde. Es war eine Täuschung. Er war ganz allein in diesem Abschnitt des Waldes. Um fünf Uhr hatte Sonobe den Baum erreicht und richtete sogleich seine Stimme an ihn:

„Oh, ehrwürdiger alter Baum, der Jahrhunderte des Sturms schadlos überstanden hat, du bist die Heimat von Yenokis Geist geworden. Es ist eine große Ehre, eine derart stattliche Behausung zu haben, und deshalb kann er kein so schlechter Mensch gewesen sein. Doch ich wurde von dem Herrn von Kishiwada geschickt, um Yenokis Geist zu tadeln und ihn zu fragen, warum er immer wieder die Gestalt eines schönen Jünglings annimmt, um die Töchter des Dorfes zu rauben. Dies muss ein Ende haben, sonst muss ich dich, der du den Geist beherbergst, fällen lassen, damit er in einen anderen Teil des Landes verschwindet."

In diesem Moment kam ein Sturm auf. Dunkle Wolken erschienen am Himmel und tauchten den Wald in Dunkelheit. Als das Grollen eines Erdbebens zu hören waren, fielen erste Regentropfen.

Plötzlich erschien die geisterhafte Gestalt eines alten Priesters, mit schmalem Körper und runzeliger Haut, die Kleidung fast durchsichtig und klamm. Ein erschütternder Anblick, doch Sonobe hatte keine Angst.

„Also hat Euch der Herr von Kishiwada gesandt", sagte der Geist. „Ich bewundere Euren Mut. Die anderen Menschen sind sündig und zu feige, um an den Ort zu kommen, an dem mein Geist Zuflucht gesucht hat. Ich kann Euch versichern, dass ich den Guten nichts Böses antue. Die Moral im Dorf war so sehr verkommen, dass es an der Zeit war, den Leuten eine Lektion zu erteilen. Die rohen Sitten der Dorfbewohner trotzten den Göttern. Es ist wahr, dass ich, in der Hoffnung, diese Leute zu bekehren und sie gottesfürchtig zu machen, die Gestalt eines Jünglings annahm und neun der Schlimmsten von ihnen mitnahm. Es geht ihnen gut. Sie bereuen ihre Sünden zutiefst und sind bereit, die Moral in ihrem Dorf wiederherzustellen. Um dies zu bewirken, habe ich jeden Tag zu ihnen gesprochen und sie belehrt. Ihr werdet sie auf dem Mino Toge[10], dem zweiten Gipfel dieses Berges finden. Dort habe ich sie an Bäume gebunden. Macht Euch nun auf den Weg, um sie zu befreien. Erzählt dem Herrn von Kishiwada, was der Geist des einäugigen Priesters getan hat und versichert ihm, dass Yenoki ihm auch weiterhin helfen wird, die Moral seines Volkes zu verbessern. Und nun lebt wohl!"

Kaum war das letzte Wort gesprochen, verschwand der Geist. Tief beeindruckt von Yenokis Worten machte sich Sonobe auf den Weg zum Mino Toge. Dort fand er die neun Mädchen, wie vom Geist vorhergesagt, jede an einen Baum gebunden. Nachdem er die Fesseln durchschnitten und ihnen seinerseits einen Vortrag über Sitte und Moral gehalten hatte, brachte er die Mädchen ins Dorf und erstattete dem Herrn von Kishiwada Bericht.

Seitdem fürchten die Menschen den Geist des einäugigen Priesters mehr denn je. Sie haben sich von Grund auf gebessert und wurden zu einem Vorbild für die umliegenden Dörfer. Die neun Familien, deren Töchter sich so unsittlich benommen hatten, spenden jedes Jahr den Reis für die Priester des Fudo-myo-o-Tempels. Man spricht vom „Reis der neun Familien von Oki".

---

[1] Siehe Anmerkung 1 in „Das Grab des Flötengeistes".

[2] Das britische Konsulat lag im Kōbe Gaikokujin Kyoryūchi 神戸外国人居留地, einer Ausländersiedlung 3,5 km östlich des wichtigen Handelshafens von Kobe. Gegen Ende des 19. Jahrhunderts lebten dort circa 450 Briten.

[3] Siehe Anmerkung 6 in „Das Kap des Frauenschwertes".

[4] Der Tengu 天狗, dessen Name „Himmelshund" oder „göttlicher Hund" bedeutet, zählt zu den bekanntesten Fabelwesen im japanischen Volksglauben. Der große Tengu 大天狗 wird stets mit langer Nase und roter Gesichtsfarbe dargestellt. Tengu spielen eine wichtige Rolle in religiösen Legenden. So findet man bereits im Konjaku Monogatarishū 今昔物語集, das im 12. Jahrhundert niedergeschrieben wurde, Erzählungen von buddhistischen Mönchen, die vom rechten Weg abkamen, um schließlich in Tengu verwandelt zu werden.

[5] Ri 里 ist eine Längeneinheit im alten japanischen Maßsystem Shakkanhō 尺貫法. Ein Ri entspricht im metrischen System 3,927 Kilometern.

[6] Das O-Bon-Fest 御盆, das in japanischen Schriften erstmals im 8. Jahrhundert beschrieben wird, gehört neben dem Neujahrsfest, O-Shōgatsu お正月, zu den wichtigsten Feiertagen des Landes. Mitte August treffen sich die Familien, um ihren Ahnen zu gedenken, die nach buddhistischem Glauben einmal im Jahr aus dem Jenseits zu ihren Häusern zurückkehren. Der Ursprung des Festes ist in dem Sutra Urabonkyō 盂蘭盆經 beschrieben. Demnach sah Mokukenren 目犍連, ein Schüler Buddhas, der die Fähigkeit zur übersinnlichen Wahrnehmung besaß, seine verstorbene Mutter kopfüber hängend in der Hölle. Zur Linderung der Leiden empfahl Buddha, sie am

15. Tag des 7. Monats mit Speisen zu versorgen. Bis heute spielen beim O-Bon-Fest Speiseopfer eine wichtige Rolle, die auf einem speziellen Tisch, Bondana 盆棚, neben den Ahnentafeln dargebracht werden. Am ersten Tag des Festes werden Reisklöße mit süßer Soße, Omukae-dango お迎え団子, angerichtet, am zweiten Nudeln und am dritten Tag schließlich Süßspeise-Opfer, Osonae-gashi お供え菓子. Daneben sind Feuer und Licht die wichtigsten Elemente der Bon-Feiern. So werden die Seelen der verstorbenen Ahnen durch ein Willkommensfeuer, Mukae-bi 迎え火, begrüßt. Am Ende des Festes lässt man entzündete Papierlaternen in kleinen Booten die Flüsse hinunterschwimmen, Tōrō Nagashi 灯篭流し. Dies symbolisiert die Verabschiedung der Ahnen, die durch die Lichter ins Jenseits zurückbegleitet werden.

[7] Seit dem 15. Jahrhundert wird das Bon-Fest von Tanzveranstaltungen, Bon Odori 盆踊り, begleitet. Im Laufe der Zeit ist die ursprüngliche religiöse Bedeutung verblasst, und der Tanz wurde mehr und mehr zu einer Art Sommerfest. Die dabei gespielte Musik basiert meist auf japanischen Volksweisen, Min'yō 民謡, die von Region zu Region unterschiedlich sind. Es gibt Aufführungen von Tänzern, aber auch Veranstaltungen in Parks, Tempeln und anderen öffentlichen Orten, an denen jeder teilnehmen kann. Mittelpunkt vieler Tänze ist ein Turm, Yagura 櫓, an dem Taiko-Trommler den Rhythmus für die Teilnehmer vorgeben.

[8] In Japan gilt die Bodhisattva-Figur Jizō 地蔵 als Begleiter der Seelen von Toten auf ihrem Weg in die Unterwelt. In zahlreichen Legenden wird darüber berichtet, wie Jizō die Sünder aus der Hölle errettet und so von ihren Qualen erlöst. Jizō-Statuen haben das Aussehen eines buddhistischen Mönchs, der in seinen Händen einen Pilgerstab und ein Wunschjuwel, Nyoi-no-tama 如意の玉, hält. Oft haben die Statuen rote Babylätzchen umgebunden, da Jizō auch als Schutzgott der Kinder gilt.

[9] Kishi 岸 war der Name einer Region in der historischen Provinz Izumi 和泉国. Die heutige Stadt Kishiwada 岸和田市 in der Präfektur Ōsaka 大阪府 wurde im Jahre 1922 gegründet.

[10] Tōge 峠 bezeichnet in Japan keinen Gipfel, sondern einen Gebirgspass.

Der Gedenk-Kirschbaum

Diese Geschichte beginnt am l. Februar 1192, im zweiten Jahr von Kenkyu[1]. Auf dem Gelände des Tempels Bukoji[2] an der Takatsuji-Straße[3] in Kyoto, die früher Yabugashita[4] genannt wurde, was „unter dem Strauch" bedeutet, hatte ein Kuriositätenhändler einen kleinen Laden. Sein Name war Kihachi.

Kihachi hatte nur wenige Waren im Angebot, aber das, was er offerierte, war von guter Qualität. Sein Laden wurde vor allem von wohlhabenden Leuten aufgesucht, die auf dem Weg zum Tempel waren, um ihre Gebete zu verrichten. Meist kamen sie nur, um zu schauen, denn sie wussten, dass es immer etwas Interessantes zu sehen gab. Der Laden war eine Art kleine und altertümliche Version von Christie's[5], nur dass die Dinge nicht versteigert, sondern verkauft wurden. Eines Tages saß Kihachi in seinem Geschäft, bereit für Verkaufsgespräche oder einfach nur für einen Schwatz, als ein junger Hofadeliger, „Kuge[6]", wie ihn die Japaner in jenen Tagen nannten, an der Eingangstür stand. Solch ein edler Mann unterschied sich in seinem Benehmen sehr von den Rittern eines Feudalherrn, die oftmals unhöflich und polternd auftraten. Dieser besondere Besucher kam aus dem Tempel, wo er gebetet hatte.

„Ihr habt hier viele schöne und interessante Dinge", sagte er. „Darf ich reinkommen und sie mir ansehen, bis der Regenschauer vorüber ist? Mein Name ist Sakata, und ich gehöre zum Hof."

„Sehr gerne, kommt herein", erwiderte Kihachi. „Einige von meinen Sachen sind hübsch und zweifellos sind alle von guter Qualität. Aber der Adel trennt sich nur ungern von Dingen in diesen Zeiten. In meinem Beruf möchte man zwei Mal hundert Jahre Leben – einhundert Jahre in der Not, der Revolution und des Krieges, in denen man die Sachen billig einkaufen kann und die nächsten hundert Jahre im Frieden, um sie für gute Preise zu verkaufen und den Erlös zu genießen. Mein Geschäft ist schlecht und unrentabel. Trotzdem liebe ich die Dinge, die ich erwerbe und ich wähle sie sorgfältig aus, bevor ich sie zum Verkauf anbiete. Wohin führt Euch der Weg, mein Herr? Ich sehe an Eurer Kleidung, dass Ihr auf Reisen geht."

„Das ist wahr. Ihr seid ein guter Beobachter. Ich werde nach Toba[7] in Yamato[8] reisen, um meinen besten Freund zu besuchen, der plötzlich und auf mysteriöse Weise erkrankt ist. Es ist zu befürchten, dass er bereits verstorben ist, wenn ich dort eintreffe!"

„Nach Toba! Verzeiht, wenn ich nach dem Namen Eures Freundes frage."

„Ich kann Euch den Namen meines Freundes gerne nennen. Er lautet Matsui."

„Dann ist das der Herr, von dem man sagt, dass er den Geist eines alten Kirschbaumes getötet hat, der auf dem Gelände eines Tempels in Toba steht. Matsui lebt dort zusammen mit den Priestern. Die Leute erzählen, dass der Geist den Kirschbaum zuvor immer wieder verlassen hat, um in der Gestalt einer schönen Frau zu erscheinen. Matsui mochte diese Frau nicht. Vielleicht hatte er sogar Angst vor ihr. Seit dem Abend, an dem Matsui den Geist getötet hat, das ist jetzt zehn Tage her, liegt er krank darnieder. Ich darf hinzufügen, dass der Baum verdorrte und starb, als der Geist nicht mehr zurückkehrte."

Sakata bedankte sich bei Kihachi für diese Information und begab sich auf den Weg nach Toba. Dort fand er schließlich seinen Freund Matsui, der von dem Priester des Shonen-Tempels fürsorglich gepflegt wurde.

Bald nachdem der junge Adelige den alten Kuriositätenhändler Kihachi in seinem Laden zurückgelassen hatte, begann es zu schneien und es schien, als würde das schlechte Wetter noch einige Zeit anhalten. Kihachi schloss daher seine Fensterläden und ging zu Bett. Er nahm einige alte Holzschnitzereien mit, um sie zu polieren und ihnen ein antikes Aussehen zu geben, solange das schlechte Wetter anhielt.

Am frühen Abend klopfte es an den Fensterläden. Kihachi, der nicht von seiner warmen Schlafstätte aufstehen wollte, rief: „Wer seid Ihr? Kommt am Morgen wieder. Ich fühle mich nicht gut genug, um heute Nacht aufzustehen."

„Aber Ihr müsst aufstehen! Ich bin geschickt worden, um Euch ein prächtiges Kakemono[9] zu verkaufen", rief die Stimme eines jungen Mädchens, so süß und flehend, dass der alte Kuriositätenhändler sich erweichen ließ. Er stand auf und öffnete die Tür mühsam mit seinen vor Kälte betäubten Fingern.

Es hatte stark geschneit, doch jetzt war der Himmel klar. Im Licht des Mondes sah Kihachi ein schönes Mädchen von fünfzehn Jahren vor sich stehen, barfuß und in den Händen ein halb aufgerolltes Kakemono haltend.

„Seht", sagte sie, „ich wurde geschickt, um Euch dies zu verkaufen!" Sie gab sich als Tochter von Matsui aus Toba zu erkennen.

Kihachi rief sie herein und sah, dass das Bild eine aufrechtstehende schöne Frau zeigte. Es war gut gemacht, und der alte Mann hatte sogleich Gefallen daran gefunden.

„Ich gebe dir einen Rio[10] dafür", sagte er, und zu seinem Erstaunen nahm das junge Mädchen sein Angebot begierig an. Sie schien so sehr an einem raschen Verkauf interessiert, dass er dachte, sie hätte es vielleicht gestohlen. Da er ein Kuriositätenhändler war, schwieg er und zahlte ihr das Geld. Sie lief eilig davon.

„Ja, sie hat das Bild zweifellos gestohlen", murmelte der alte Mann, „aber ich muss davon ja nichts wissen. Das Kakemono ist volle 50 Rio wert und solche Chancen bieten sich mir nicht oft."

Kihachi war so erfreut über seinen Kauf, dass er das Bild sogleich in seiner Kakemono-Ecke aufhängte und es im Schein einer Lampe betrachtete. Es war in der Tat eine wunderschöne, gut gemalte Frau. Das Bild war bestimmt mehr wert als die 50 Rio, die er anfangs geschätzt hatte. Aber, bei allen Heiligen, es schien sich zu verändern! Ja, es zeigte nicht länger eine schöne Frau. Ihr Gesicht hatte sich in das einer furchterregenden und schrecklichen Gestalt verwandelt. Es war von Kummer gezeichnet und mit Blut bedeckt. Die Augen der Frau waren vor Schreck aufgerissen und der Mund keuchte fürchterlich. Kihachi fühlt, wie Blut auf ihn tropfte, das aus einer Wunde in der Schulter der Frau hervorquoll. Um diesem schrecklichen Anblick zu entgehen, lief er zu seinem Bett, stieg hinein und steckte den Kopf unter die Decke. Dort blieb er liegen, schlaflos, bis zum Morgengrauen.

Als er die Augen öffnete und unter der Bettdecke hervorschaute, zeigte das Kakemono dasselbe Motiv wie anfangs, als er es gekauft hatte: eine schöne Frau. Er vermutete, dass ihn die Freude, ein gutes Geschäft gemacht zu haben, zum Träumen verleitet hatte. Also dachte er nicht weiter an die Schrecken des Abends.

Doch er sollte sich irren. Auch in der nächsten Nacht hielt ihn das Kakemono wach. Es zeigte das gleiche blutige Gesicht wie am Abend zuvor. Gelegentlich waren sogar Schreie aus dem Mund der Frau zu hören. Kihachi fand keinen Schlaf und realisierte, dass er statt eines billigen Schnäppchens ein sehr teures gemacht hatte. Denn ihm war klar, dass er nach Toba reisen und das Bild Matsui zurückgeben musste, und er wusste, dass er dafür keine Kosten geltend machen konnte.

Nach zweitägiger Reise erreichte Kihachi den Shonen-Tempel in der Nähe von Toba, wo er darum bat, Matsui sprechen zu dürfen. Er wurde unverzüglich in dessen Zimmer geführt. Dem Kranken ging es besser, doch als ihm das Kakemono mit der darauf gemalten Gestalt einer schönen Frau gereicht wurde, erbleichte er vor Schreck. Matsui zerriss das Bild in Stücke, warf es in das brennende Irori[11] und sprang danach selbst hinein. Seine Tochter folgte ihm und beide starben den Feuertod.

Nachdem er dies mitansehen musste, lag Kihachi selbst mehrere Tage krank darnieder. Die Geschichte verbreitete sich schon bald über das ganze umliegende Land.

Prinz Nijo[12], der Herr über Kyoto, ordnete eine gründliche Untersuchung zu den Umständen des Falles an. Es wurde zweifelsfrei festgestellt, dass die Probleme für Matsui und seine Familie dadurch entstand waren, dass er den Geist des alten Kirschbaums getötet hatte. Der Geist hatte ihn dafür bestraft und ihm gezeigt, dass unsichtbares aber wertvolles Leben auch in vermeintlich leblosen Gegenständen existieren kann. Und so erschien er Matsui als eine wunderschöne Frau, die immer wieder vor seinen Augen getötet wurde. Der Geist in dem herrlichen Bild trieb ihn auf diese Weise in den Wahnsinn.

Zur Erinnerung an die Ereignisse ließ Prinz Nijo einen schönen jungen Kirschbaum an der Stelle des alten pflanzen, der bis heute „Gedenk-Kirschbaum" genannt wird.

---

[1] Die Kenkyū-Ära 建久年号, in der Kaiser Go-Toba 後鳥羽天皇 das Land regierte, umfasst die Zeit von April 1190 bis April 1199.

[2] Der Bukkō-ji 佛光寺 ist ein von dem buddhistischen Mönch Ryōgen 了源 gegründeter Tempel der Jōdo Shinshū 浄土真宗 im Stadtbezirk Shimogyō 下京区 in Kyōto.

Das Gründungsdatum im Jahre 1324 steht im Widerspruch zur Datierung der vorliegenden Geschichte. Der Tempel befand sich ursprünglich im Stadtbezirk Yamashina 山科区 und wurde erst im Jahre 1586 an seinen heutigen Standort an der Takatsuji-Straße in Shimogyō verlegt.

3 Die Takatsuji-dori 高辻通り in Kyōto, die bereits in der Heian-Zeit (794–1185) existierte, verläuft in West-Ost-Richtung in einer Länge von sechs Kilometern vom rechten Ufer des Kamo-Flusses 鴨川 bis zum Kamaeguchi-Park 構口公園 am Arisu-Fluss 有栖川.

4 Yabugarashi 藪枯らし ist die japanische Bezeichnung für die Japanische Cayratia, ein Weinrebengewächs, dessen Blätter in der traditionellen chinesischen Medizin Anwendung finden.

5 Das traditionsreiche Londoner Auktionshaus Christie`s existiert seit 1766.

6 Kuge 公家 waren Angehörige einer aristokratischen Klasse, die insbesondere während der Nara- und Heian Zeit (710–1185) einen erheblichen Einfluss auf die Vorgänge am Kaiserhof ausübten. Mit dem Erstarken der Kriegerklasse, Buke 武家, verloren die Kuge an Bedeutung.

7 Die Kleinstadt Toba 鳥羽市 liegt auf der Shima-Halbinsel 志摩半島 in der Präfektur Mie 三重県. Während der Edo-Zeit (1603–1868) blühte Toba auf als Umschlaghafen zwischen Ōsaka und Edo sowie als Zwischenstation für Pilger zum Ise-Schrein 伊勢神宮.

8 Als Yamato 大和 wurde ursprünglich das Gebiet um die heutige Stadt Sakurai 桜井市 bezeichnet. Später wurde daraus die historische Provinz Yamato 大和国, die heute die Präfektur Nara 奈良県 bildet.

9 Kakemonos 掛け物 sind hochformatige Rollbilder, auf Stoff oder Papier gemalt, die oben und unten mit je einem waagerechten Holzstab versehen sind. Sie wurden in Japan während der Heian-Zeit aus China eingeführt. In einem japanischen Haus werden Kakemonos üblicherweise in der Bildnische Tokonoma 床の間 aufgehängt.

10 Der Ryō 両 war eine japanische Goldwährungseinheit, die im Jahre 1871 durch den Yen 円 ersetzt wurde. Das Wort Ryō hat in dem japanischen Begriff für Geld wechseln, ryōgae suru 両替する bis heute überlebt.

11 Irori 囲炉裏 bezeichnet eine quadratische, mit Steinen ausgemauerte Grube im Boden eines Hauses, die zum Heizen oder zur Zubereitung von Lebensmitteln verwendet wird.

12 Die Nijō-Familie 二条家 war ein Zweig des Fujiwara-Clans 藤原氏, dessen Mitglieder vom 7. Jahrhundert bis zur Meiji-Restauration im Jahre 1868 eine wichtige Rolle in der japanischen Politik spielten.

Die Schneefrau

Selbst in Japan gibt es wohl nur wenige, die von der Yuki Onna[1] – der Schneefrau – gehört haben. Man spricht kaum über sie, außer in den Bergregionen, wo das ganze Jahr über Schnee liegt. Diejenigen, die die Bücher von Lafcadio Hearn gelesen haben, werden sich an eine Geschichte über die Yuki Onna erinnern.[2] Diese Erzählung hat viel Beachtung gefunden, ist aber tatsächlich nicht besser als die folgende.

Oben in der nördlichen Provinz Echigo, gegenüber der Insel Sado[3] am Japanischen Meer, liegt jeden Winter viel Schnee, manchmal bis zu zwanzig Fuß hoch. Oft kommt es vor, dass Menschen, die unter den Schneemassen begraben liegen, bis zum Frühjahr nicht gefunden werden. Vor einigen Jahren kamen in Aowomori zwei Kompanien von Soldaten in einen heftigen Schneesturm. Nur drei oder vier Männer konnten entkommen. Es dauerte viele Wochen, bis die anderen gefunden und ausgegraben wurden – natürlich tot.

In einem phantasiereichen Volk gibt das mysteriöse Verschwinden von Menschen natürlich Anlass zu Spekulationen. So glaubt man in den nördlichen Regionen Japans an den Schneegeist, während die Leute im Süden sagen, dass die im Norden zu viel Sake trinken und schneebedeckte Bäume für Frauen halten.

Wie dem auch sei, ich muss ihnen erzählen, was ein Bauer namens Kyuzaemon erlebt hat.

Kyuzaemon lebte in dem Dorf Hoi, das nur aus elf einfachen Häusern bestand. Er war arm und das Schicksal hatte ihn zweifach getroffen, als er seinen Sohn und auch seine Frau verlor. So führte der Bauer ein Leben in Einsamkeit.

Am Nachmittag des 19. Januar im dritten Jahr von Tem-po[4], also 1833, kam ein gewaltiger Schneesturm auf. Kyuzaemon schloss die Fensterläden und machte es sich so bequem, wie er konnte. Gegen elf Uhr nachts wurde er durch ein Klopfen an seiner Tür geweckt. Es war ein eigenartiges Geräusch, das sich in regelmäßigen Abständen wiederholte. Kyuzaemon setzte sich auf, schaute zur Tür und wusste nicht, was er davon halten sollte. Das Klopfen wiederholte sich immer wieder, und plötzlich hörte er die sanfte Stimme eines Mädchens. Der Bauer dachte, es wäre eines der Nachbarskinder, das um Hilfe bittet. Er erhob sich von seiner Schlafstätte, doch als er zur Tür kam, traute er sich nicht, sie zu öffnen. Gerade als er sie erreichte, hörte wieder die Stimme und das Klopfen. Kyuzaemon schreckte zurück und rief: „Wer seid Ihr und was wollt Ihr?"

„Öffnet die Tür! Öffnet die Tür!", kam die Stimme von draußen.

„Ich soll die Tür öffnen! Was soll mich dazu bewegen, wenn ich nicht mal weiß, wer Ihr seid und was Euch so spät in der Nacht nach draußen treibt?"

„Aber Ihr müsst mich reinlassen. Ich kann in diesem tiefen Schnee nicht weitergehen. Ich bitte nicht um Nahrung, sondern nur um eine schützende Unterkunft."

„Es tut mir sehr leid, aber ich habe kein Bettzeug für Euch. Ich kann Euch in meinem Haus nicht übernachten lassen."

„Ich brauche kein Bettzeug, nur eine Zuflucht für die Nacht."

„Ich kann Euch nicht reinlassen!", rief Kyuzaemon, „es ist zu spät und gegen die Regeln und Gesetze."

Zugleich verbarrikadierte Kyuzaemon seine Tür mit einem schweren Holzblock. Er wagte es nicht, die Fensterläden einen Spalt zu öffnen, um zu sehen, wer die späte Besucherin sein könnte. Als er sich umdrehte, um zum Bett zurückzukehren, lief ihm ein eisiger Schauder über den Rücken. Dort stand eine Frau, weiß gekleidet und mit langem Haar, das über ihren Rücken fiel. Sie sah nicht aus wie ein Geist, ihr Gesicht war hübsch und sie schien etwa fünfundzwanzig Jahre alt zu sein. Überrascht und erschrocken rief Kyuzaemon: „Wer oder was seid ihr, und wie seid Ihr hereingekommen? Wo habt Ihr Eure Geta[5] gelassen?"

„Ich kann überall reinkommen, wann immer ich will", sagte die Gestalt. „Ich bin die Frau, die Ihr nicht hereinlassen wolltet. Ich brauche keine Holzsandalen, denn ich schwebe über den Schnee, manchmal fliege ich sogar durch die Luft. Ich bin auf dem Weg zum nächsten Dorf, aber der Sturm hindert mich am Fortkommen. Deshalb habe ich Euch gebeten, mich hier ausruhen zu lassen. Wenn Ihr mir dies erlaubt, werde ich aufbrechen, sobald der Wind nachlässt. Auf jeden Fall werde ich bis zum Morgen fort sein."

„Ich hätte ja nichts dagegen, Euch zu beherbergen, wenn Ihr eine gewöhnliche Frau wärt. Ich wäre sogar froh darüber, aber ich fürchte mich sehr vor Geistern, wie es schon meine Vorväter getan haben", sagte Kyuzaemon.

„Habt keine Angst. Gibt es hier einen Butsudan[6]?", erwiderte die Gestalt.

„Ja, ich habe einen Butsudan, aber was wollt Ihr damit machen?"

„Ihr sagt, Ihr hättet Angst vor Geistern und besonders vor mit. Ich möchte Euren Ahnen meinen Respekt erweisen und ihnen versichern, dass Euch durch mich kein Unglück widerfahren wird. Würdet Ihr jetzt den Budsudan öffnen und die Kerzen anzünden?"

„Ja", sagte Kyuzaemon, der vor Angst zitterte. „Ich werde den Butsudan für Euch öffnen. Bitte betet auch für mich, denn ich bin ein unglücklicher Mann, der schwer vom Schicksal gezeichnet ist. Dann müsst ihr mir auch offenbaren, wer Ihr seid."

„Ihr seid sehr wissbegierig, aber ich werde Eure Fragen beantworten, denn ich glaube, Ihr seid ein guter Mensch", erwiderte der Geist. „Mein Name ist Oyasu. Ich bin die Tochter des Yazaemon, der im Nachbardorf wohnt. Wie Ihr vielleicht gehört habt, hat mein Vater, der ebenfalls Bauer ist, einen Mann namens Isaburo in seiner Familie aufgenommen und mit seiner Tochter verheiratet. Isaburo ist ein guter Mann, aber nach dem Tod seiner Frau im letzten Jahr hat er seinen Schwiegervater im Stich gelassen und ist in sein Heimatdorf zurückgekehrt. Deshalb bin ich auf dem Weg zu ihm. Ich will ihn zur Rede stellen."

„Ist es nicht so," sagte Kyuzaemon, „dass die Tochter des Bauern, die mit Isaburo verheiratet war, im letzten Jahr im Schnee gestorben ist? Wenn das so ist, dann müsst Ihr der Geist von Isaburos Frau sein?"

„Ja, das stimmt", erwiderte der Geist. „Ich bin Oyasu, die Frau von Isaburo, die vor einem Jahr in dem großen Schneesturm umgekommen ist."

Mit zitternden Händen entzündete Kyuzaemon die Kerzen in dem kleinen Butsudan und murmelte dabei inbrünstiger als jemals zuvor: „Namu Amida Butsu[7]. Namu Amida Butsu". Sogleich sah er die Gestalt der Yuki Onna herankommen. Es waren keine Geräusche von Schritten zu hören, als sie über den Boden zum Altar glitt.

Kyuzaemon zog sich in sein Bett zurück, wo er sofort einschlief. Kurz darauf wurde er von der Stimme der Frau geweckt, die sich von ihm verabschiedete. Er hatte nicht einmal Zeit aufzustehen, so schnell war sie verschwunden, ohne ein Zeichen ihrer Anwesenheit zu hinterlassen. Das Licht im Butsudan brannte noch.

Bei Tagesanbruch begab sich Kyuzaemon auf den Weg ins Nachbardorf. Er wollte Isaburo treffen, den er bei seinem Schwiegervater Yazaemon vorfand.

„Ja", sagte Isaburo, „es war ein Fehler, den Vater meiner verstorbenen Frau zu verlassen. Es wundert mich nicht, dass ich in kalten und verschneiten Nächten immer wieder vom Geist meiner Frau heimgesucht und getadelt wurde. Gerade eben hat sich mich wieder besucht und ich habe beschlossen, zurückzukehren. Ich bin erst seit zwei Stunden wieder hier bei meinem Schwiegervater."

Es stellte sich heraus, dass der Geist von Oyasu ihrem früheren Ehemann Isaburo direkt nach dem Verlassen des Hauses von Kyuzaemon, etwa eine halbe Stunde nach Mitternacht, erschienen war. Sie war so lange bei ihm geblieben, bis er ihr versprochen hatte, in das Haus ihres Vaters zurückzukehren, um ihm in seinem hohen Alter bei den täglichen Verrichtungen zu helfen.

Das ist meine Geschichte von der Yuki Onna. Alle Menschen, die durch Schnee und Eis sterben, werden zu Schneegeistern. Sie erscheinen, wenn der Schnee fällt – so wie uns die Geister derer, die im Meer ertrunken sind, nur in stürmischer See heimsuchen.

Auch heutzutage noch sprechen die Priester im Norden des Landes Gebete, um die Geister der im Schnee verstorbenen zu besänftigen. So soll verhindert werden, dass sie Menschen heimsuchen, die mit ihnen in Verbindung stehen.

---

[1] Die Schneefrau, Yuki Onna 雪女, ist der wohl bekannteste Geist im japanischen Volksglauben. Ein erstes schriftliches Zeugnis findet man im Sōgi Shokoku Monogatari 宗祇諸国物語, das im Jahre 1685 publiziert wurde, obwohl der Autor Inō Sōgi 飯尾宗祇 den Text bereits im 15. Jahrhundert verfasst hat. Sōgi beschreibt die Schneefrau als eine drei Meter große Gestalt mit nahezu transparenter Haut, die ihm, in einen glitzernd weißen Kimono gekleidet, in der Provinz Echigo erschienen

ist. In der Folge entstanden in vielen Regionen Japans unzählige Legenden zur Yuki Onna. Meist wird sie als böses Wesen dargestellt, das Menschen in den Tod lockt. Sie steht symbolisch für die Gefahren und Ängste, die der Winter mit sich bringt.

2 Lafcadio Hearns Erzählung „Yuki Onna" erschien erstmals im Jahre 1904 in dem Band „Kwaidan" im Verlag Houghton Mifflin. Sie ist auch in der deutschen Fassung von „Kwaidan" enthalten, die im Jahre 2014 im Hibarios Verlag erschienen ist. In Lafcadio Hearns Version der Legende von der Yuki Onna geraten zwei Holzfäller in einen heftigen Schneesturm und suchen Schutz in der verlassenen Hütte eines Fährmannes. Erschöpft fallen sie in einen tiefen Schlaf. Als Minokichi, der jüngere der beiden Holzfäller, aufwacht, muss er mit ansehen, wie eine geisterhafte Frauengestalt sich über seinen schlafenden Kollegen beugt und ihn mit ihrem eisigen Hauch tötet. Die Schneefrau hat Mitleid mit dem jungen Arbeiter und verschont ihn, nachdem er ihr versichert, dass er niemals jemandem von dem Geschehen in der frostigen Nacht erzählen wird. Minokichi kehrt am nächsten Tag nach Hause zurück und hält zunächst sein Versprechen. Einige Zeit später findet er seine Frau fürs Leben. Er heiratet, hat schon bald drei Kinder und verbringt eine glückliche Zeit. Viele Jahre später beneiden ihn seine Freunde und Bekannten, denn seine Frau bleibt jugendlich und wunderschön – sie scheint nicht zu altern. Minokichi liebt sie innig und vertraut ihr endlich sein Geheimnis aus der frostigen Nacht an. Da ändert sie ihr Gesicht, braust auf und offenbart ihm, dass sie die Schneefrau ist. Da er nun sein Versprechen gebrochen hat, verschwindet sie für immer und lässt ihn verzweifelt zurück.

3 Siehe Anmerkung 2 in „Der Skelettberg".

4 Die Tempō-Ära 天保年号, in der Kaiser Ninkō 仁孝天皇 das Land regierte, umfasste die Zeit von Januar 1831 bis Januar 1845.

5 Die traditionellen japanischen Sandalen, Geta 下駄, bestehen aus einer hölzernen Sohle, zwei Riemen, die zwischen dem großen und dem benachbarten Zeh befestigt sind, und zwei Holzstegen. In der Regel werden sie mit Zehensocken, Tabi 足袋, getragen. Die Stege, Ha 歯, sind bis zu 5 Zentimeter hoch und sorgen für einen gewissen Abstand zum Schmutz der Straße.

6 Im Inneren eines buddhistischen Hausaltars, Butsudan 仏壇, werden Buddha-Figuren und Täfelchen, Ihai 位牌, mit den Namen verstorbener Familienangehöriger, manchmal auch deren Fotos, aufbewahrt. Bei den täglichen Mahlzeiten werden dort Speiseopfer zu Ehren der Ahnen dargebracht. Auch werden mehrmals am Tag Räucherstäbchen, seltener Kerzen, angezündet. Butsudans begannen sich in der Edo-Zeit (1603–1868). zu etablieren. Zu einer landesweiten Verbreitung kam es erst in der Meiji-Zeit (1868–1912).

[7] Die Anrufung „Namu Amida Butsu“ 南無阿弥陀仏 stammt aus dem Mahayana महायान, dem Buddhismus des großen Fahrzeugs. Sinngemäß bedeutet diese Rezitationsformel: „Voller Verehrung nehme ich Zuflucht zu Buddha Amida!“ Amida ist der japanische Name von Amitabha अमिताभ, dem Buddha des Grenzenlosen Lichtglanzes, und Amitayus अमितायुस्, dem Buddha des Grenzenlosen Lebens. Die Lehre des Amitabha-Buddhismus wird in China als Jingtu zong 淨土宗, „Schule des reinen Landes“, bezeichnet. In Japan gründete Hōnen 法然 im 12. Jahrhundert auf der Grundlage dieser Lehre die Jōdo-shū 浄土宗. Aus dieser entwickelte Shinran 親鸞 im 13. Jahrhundert die Jōdo-Shinshū 浄土真宗. Gemäß der Lehre dieser Schulen ist das wichtigste Anliegen Buddhas, alle Menschen zu retten, egal wie sündig oder ungläubig sie sind. Durch das wiederholte Sprechen der Rezitationsformel „Namu Amida Butsu“ macht man sich die Verdienste Buddhas zu eigen und tilgt sein eigenes schlechtes Karma. Die Anrufung dient also nicht in erster Linie der Rettung aus einer misslichen Lage, sondern zur Vergebung der eigenen Sünden.

Die Lotosgeister

Lange habe ich nach einer Erzählung über die Lotosblume gesucht. Endlich hat mein Freund Fukuga eine gefunden. Sie ist ungefähr zweihundert Jahre alt und handelt von einer Burg, die sich in einem Gebiet befand, das damals als Kinai[1] bekannt war und heute zum Bezirk Kyoto gehört. Es ist unklar, um welche Burg es sich handelt. Ich kenne nur eine in dieser Gegend – die Burg Nijo[2].

Fukuga, der der englischen Sprache nicht mächtig ist, und mein Dolmetscher haben mich allerding bezüglich der Lokalisierung der Geschichte verwirrt. Obwohl sie in Kyoto beginnt, wechselt der Ort der Handlung plötzlich in die Provinz Idzumi[3], denn die Hauptfigur der Geschichte ist der Fürst von Koriyama[4]. Wie dem auch sei, mir wurde erzählt, dass zunächst in Kinai eine Seuche ausbrach, an der Tausende starben. Die Krankheit breitete sich bis nach Idzumi aus, wo auch der Fürst von Koriyama befallen wurde. Man rief Ärzte aus allen Teilen des Landes herbei, doch alle Bemühungen waren vergeblich. Die Krankheit breitete sich aus, und zum Entsetzen aller erkrankte nicht nur der Fürst von Koriyama, sondern auch seine Frau und sein Kind.

In dem Land herrschte schreckliche Angst, nicht weil die Menschen um sich selbst fürchteten, sondern weil sie Sorge hatten, dass ihre Gebieter und seine Familie sterben könnten. Denn der Fürst von Koriyama war sehr beliebt bei seinen Untertanen, von denen sich viele in unmittelbarer Nähe zu ihm, rund um die hohen Mauern der Burg, angesiedelt hatten. Die Burggräben waren leer und trocken, da der letzte Krieg schon einige Zeit zurücklag.

Eines Tages saß Tada Samon, der höchste Beamte am Hof des Fürsten, in seiner Kammer und überlegte, wie der Krankheit des Daimio beizukommen sei. Währenddessen kam ein Diener herein und meldete einen Besucher am äußeren Tor, der um Einlass bat und die Heilung der drei Leidenden in Aussicht stellte.

Natürlich ließ Tada Samon den Mann sofort zu sich bringen.

Der Besucher entpuppte sich als Yamabushi[5], ein Einsiedler aus den Bergen, der sich beim Betreten des Zimmers tief vor Samon verbeugte und sprach:

„Mein Herr, es ist eine schlimme Krankheit, die unseren Gebieter befallen hat. Sie wurde von einem bösen Geist herbeigeführt, der in die Burg eindringen konnte, weil Ihr keine Verteidigung errichtet habt. Diese Burg ist das Verwaltungszentrum für das ganze umliegende Land, und es war unklug, sie unbefestigt zu lassen gegen unreine und böse Geister. Buddhas Lehre hat uns seit jeher gesagt, dass wir die Lotosblume nicht nur in den inneren Burggraben pflanzen sollen, sondern in alle Gräben und auch drumherum. Bestimmt wisst Ihr auch, dass der Lotos in unserer Religion eine symbolische Pflanze ist, die alles Unreine vertreiben kann.[6] Seid versichert, dass kein böser Geist über Euren Herrn gekommen wäre, wenn Ihr die nördlichen Gräben seiner Burg nicht vernachlässigt, sondern mit Wasser gefüllt, sauber gehalten und mit dem heiligen Lotos bepflanzt hättet. Wenn Ihr erlaubt, werde ich heute in der Burg bleiben und darum beten, dass der böse Geist, der die Krankheit mit sich gebracht hat, verschwindet. Auch bitte ich darum, dass mir erlaubt wird, den nördlichen Graben mit Lotos zu bepflanzen. Nur so kann der Fürst von Koriyama und seine Familie gerettet werden."

Samon nickte zustimmend, denn er wusste, dass es in den nördlichen Gräben weder Lotus noch Wasser gab, und dass dies zum Teil durch seine eigene Sparsamkeit verschuldet war. Er konsultierte seinen Herrn, der noch kränker schien als zuvor. Nach Rücksprache mit den Hofbeamten wurde beschlossen, dass der Yamabushi seinen Willen bekommen sollte. Man forderte den Mann auf, seine Ideen so umzusetzen, wie er es für richtig hielt. Es wurde ausreichend Geld zur Verfügung gestellt und hundert Hände, die zu allem bereit waren, um ihren Herrn zu retten.

Der Yamabushi reinigte seinen Körper und begann die Gebete, auf dass der böse Geist das Schloss verlassen möge. Anschließend überwachte er die Reinigung und Reparatur der nördlichen Gräben und wies die Leute an, sie mit Wasser zu füllen und mit Lotos zu bepflanzen. Dann verschwand er auf geheimnisvolle Weise vor den Augen der Leute. Verwundert, aber mit noch mehr Kraft als zuvor, arbeiteten die Männer daran, seine Befehle auszuführen. In weniger als vierundzwanzig Stunden waren die Gräben gereinigt, repariert, gefüllt und bepflanzt.

Wie erhofft ging es dem Fürsten von Koriyama, seiner Frau und seinem Sohn rasch besser. Nach einer Woche konnten alle aufstehen, und schon bald fühlten sie sich gesund wie nie zuvor.

Dankesfeste wurden gefeiert, und in ganz Idzumi herrschte große Freude. Die Leute strömten herbei, um die prächtig gepflegten Lotosgräben zu sehen. Die Bewohner des Ortes gaben dem Wohnsitz ihres Fürsten fortan den Namen „Lotosburg".

Einige Jahre vergingen ohne besondere Vorkommnisse. Doch dann geschah etwas Seltsames. Der Fürst von Koriyama war eines natürlichen Todes gestorben und von seinem Sohn abgelöst worden, der sich nicht um die Pflege der Lotospflanzen kümmerte. An einem warmen Augusttag, als die Lotosblüten kräftig und hoch standen, ging ein junger Samurai an einem der Gräben entlang. Er sah zwei Jungen, sechs oder sieben Jahre alt, die am Rande des Grabens spielten.

„Hört mal, ihr beiden", sagte er, „es ist gefährlich, so nahe am Rande des Grabens zu spielen. Kommt mit mir."

Er wollte sie gerade bei der Hand nehmen und in Sicherheit bringen, als die beiden ihn anlächelten, einen Satz in die Luft machten und mit einem lauten Platschen ins Wasser stürzten. Der Samurai blieb durchnässt zurück.

Der junge Krieger wusste nicht, wie ihm geschah, denn die beiden tauchten nicht wieder auf. Schließlich kam er zu der Erkenntnis, dass es sich um zwei Kappas[7] handeln müsse. Mit dieser Idee im Kopf lief er zur Burg und berichtete über sein Erlebnis.

Die hohen Beamten hielten eine Versammlung ab und ordneten die Reinigung der Burggräben an. Sie waren der Meinung, dass dies schon längst hätte getan werden sollen, nachdem der junge Herr seinem Vater gefolgt war.

Obwohl die Gräben vom Anfang bis zum Ende gründlich gereinigt wurden, konnte man keinen Kappa finden. Die Beamten glaubten, dass dem Samurai wohl die Phantasie durchgegangen war und man machte sich über ihn lustig.

Einige Wochen später kam ein anderer Samurai, Murata Ippai, abends von einem Besuch bei seiner Geliebten zurück. Dabei führte ihn sein Weg entlang des äußeren Grabens, der wieder üppig mit Lotosblüten bewachsen war. Ippai schlenderte langsam voran, während er die Pflanzen bewunderte und dabei in Gedanken an seine Geliebte schwelgte. Plötzlich entdeckte er in einiger Entfernung mehr als ein Dutzend kleine Jungen, die am Rande des

Wassergrabens spielten. Sie waren unbekleidet und bespritzten sich gegenseitig mit Wasser.

„Ah!", dachte der Samurai, „das sind bestimmt die Kappas, von denen ich gehört habe. Sie haben die Gestalt von Menschen angenommen und wollen mich täuschen! Als Samurai habe ich keine Angst vor ihnen. Sie werden der scharfen Klinge meines Schwertes nicht entkommen!"

Ippai legte seine Holzsandalen ab, zog das Schwert und näherte sich den vermeintlichen Kappas bis auf etwa zwanzig Meter. Dann verbarg er sich hinter einem Busch, um zu beobachten.

Die Kinder setzten ihr Spiel fort. Sie schienen ganz normale Jungen zu sein, außer dass ihre Körper fast makellos waren, und dass von ihnen ein eigentümlicher Duft ausging, stark aber süßlich, ganz ähnlich dem der Lotosblume. Als Ippai sah, wie unschuldig und unverdächtig die Kinder aussahen, war er verwundert und fast geneigt, sein Schwert in die Scheide zu stecken. Doch dann erinnerte sich, dass er gekommen war, um mit der Entschlossenheit eines Samurai zu handeln. Er ergriff sein Schwert, trat aus dem Versteck und schlug mit ganzer Kraft auf die vermeintlichen Kappas ein.

Ippai war davon überzeugt, ein großes Gemetzel angerichtet zu haben. Er hatte den Aufprall seines Schwertes gespürt und die Geräusche herabfallender Körper vernommen. Doch als er sich umsah, erhoben sich eigenartige Dampfschwaden in allen Farben, wie eine vom Wasser aufgewehte Gischt, die ihm die Sicht auf seine Opfer verwehrte.

Ippai beschloss, bis zum Morgen zu warten, denn als Samurai konnte er die Dinge nicht unvollendet lassen. Das hätte er seinen Freunden nicht erklären können. Es war ein langes und ermüdendes Warten, aber Ippai stand es durch und machte während der Nacht kein Auge zu.

Als der Morgen dämmerte, fand er nichts anderes vor als die Stängel der Lotosblumen, die um ihn herum aus dem Wasser ragten.

„Aber mein Schwert hat doch mehr als nur Lotosstängel getroffen", dachte er. „Wenn ich keine Kappas in menschlicher Gestalt getötet habe, müssen es die Geister des Lotos gewesen sein. Welche schreckliche Sünde habe ich begangen? Es waren die Geister der Lotosblumen, die unseren Herrn von Koriyama und seine Familie vor dem Tod bewahrt haben! Was habe ich nur angerichtet? Ich bin ein Samurai, der seinem Herrn jeden einzelnen Blutstropfen gewidmet hat. Ich habe mein Schwert gegen die treuesten Freunde meines Meisters erhoben! Ich muss die Geister besänftigen, indem ich mich selbst entleibe."

Ippai sprach ein Gebet und vollzog danach, auf einem Stein neben den gefallenen Lotosblumen sitzend, das Ritual des Harakiri[8].

Die Blumen erblühten wieder, aber die Lotosgeister wurden nie mehr gesehen.

---

[1] Auch heute noch wird ein Teil der Kansai-Region 関西地方 als Kinai 畿内 bezeichnet. Ursprünglich umfasste die „Hauptstadtregion" Kinai die fünf historischen Provinzen Izumi 和泉国, Settsu 摂津国, Yamato 大和国, Kawachi 河内国 und Yamashiro 山城国, die sich um die früheren Kaiserstädte Nara und Heian-kyō 平安京 gruppierten.

[2] Die von 1601 bis 1626 von Tokugawa Ieyasu 徳川家康 und dessen Enkel Tokugawa Iemitsu 徳川 家光 errichtete Burg Nijō 二条城 war der Sitz des Shōguns in Kyōto. Sie diente eher als Machtsymbol, denn als Wohn- und Regierungsstätte, da sich der Shōgun meist in Edo aufhielt.

[3] Siehe Anmerkung 1 in „Das Grab des Flötengeistes"

[4] Die Burg Kōriyama 郡山城 befand sich nicht in der Provinz Izumo sondern in der Provinz Yamato, 40 km südlich von Kyōto. Zu der Zeit, in der die vorliegende Geschichte spielt, wurde der Burgherr von der Fujii-Matsudaira-Familie 藤井松平家 gestellt. Die Burg wurde durch mehrere Wassergräben mit den Bezeichnungen „östlicher Hauptstadtgraben" Sakyō-bori 左京堀, „Aalgraben" Unagi-bori 鰻堀 und „Nachtigallengraben" Uguisu-bori 鶯堀 geschützt.

[5] Japanische Bergpriester, Yamabushi 山伏, führen ein asketisches Leben und vollziehen magisch-religiöse Rituale. Sie sind Anhänger des Shugendō 修験道, einer auf dem Schintoismus, Daoismus sowie der Shingon-Tendai-Schule 真言宗 des Buddhismus basierenden synkretistischen Religion. Begründet wurde der Shugendō in der Nara-Zeit (710–794) durch den Asketen und Magier En no Gyōja 役行者, der laut der im 8. Jahrhundert niedergeschriebenen Chronik Shoku Nihongi 続日本紀 die beiden Dämonen Zenki 前鬼 und Goki 後鬼 unterworfen haben soll.

[6] Im Buddhismus ist die Lotosblume das Symbol für die Reinheit des Herzens sowie von Schöpferkraft, Weisheit und Erleuchtung. Die buddhistische Lehre des Nichiren

(1222–1282), die auf dem Lotos-Sutra, Hokkekyō 法華経, beruht, ist nach seinem Begründer benannt, taucht in älteren Quellen aber auch unter dem Namen Lotos-Schule, Hokke-shū 法華宗, auf.

[7] Siehe Anmerkung 8 in „Das Geheimnis des Teichs von Iidamachi".

[8] Ein Samurai, der durch eine Fehlhandlung sein Gesicht verloren hatte, konnte seine Ehre und die seiner Familie durch rituelle Selbsttötung, Seppuku 切腹, wiederherstellen. Hierzu schnitt sich der im Fersensitz, Seiza 正座, kauernde Krieger mit einem speziellen Dolch, Tantō 短刀, den Bauch auf. Üblicherweise wurde der Hals des Kriegers anschließend von einem bereitstehenden Assistenten mit einem Langschwert, Katana 刀, durchtrennt. Der in der westlichen Literatur meist abwertend verwendete Begriff des „Bauchschneidens", Harakiri 腹切り, wurde von christlichen Missionaren geprägt, um die japanische Tradition der ehrenvollen Selbsttötung in Misskredit zu bringen. Zu Beginn der Meiji-Restauration im Jahre 1868 wurde den Samurai die Ausübung des Seppuku-Rituals verboten.

Der Kirschbaum des Jirohei in Kyoto

Im nördlichen Teil von Kyoto befindet sich ein Shintoschrein namens Hirano[1]. Er ist berühmt für seine prächtigen Kirschbäume. Unter diesen befindet sich ein alter, abgestorbener Baum, der Jirohei genannt und sorgsam gepflegt wird. Die Geschichte, die mit diesem Baum verbunden ist, kennen nur wenige. Sie wurde wohl noch nie einem Europäer erzählt.

Während der Kirschblütensaison kommen viele Menschen zum Schrein, um die Bäume zu betrachten, besonders am Abend.

In der Nähe des Jirohei-Kirschbaums befand sich vor vielen Jahren ein großes und prosperierendes Teehaus, das einem Mann namens Jirohei gehörte und diesem, der aus einfachen Verhältnissen stammte, Wohlstand verschafft hatte. Seinen geschäftlichen Erfolg führte Jirohei auf den Einfluss des alten Kirschbaums zurück. Er zollte dem Baum den größten Respekt und kümmerte sich um seine Bedürfnisse. Er hinderte die Jungen daran, auf ihn zu klettern und seine Äste abzubrechen. Der Baum gedieh prächtig, und im selben Maße wurde Jirohei reich und reicher.

Eines Morgens kam ein furchterregender Samurai zum Hirano-Tempel und setzte sich in Jiroheis Teehaus, um sich am Anblick der Kirschblüte zu erfreuen. Es war ein kräftiger, dunkelhäutiger Mann mit finsterem Gesicht, etwa einen Meter achtzig groß.

„Seid Ihr der Besitzer dieses Teehauses", fragte er.

„Ja, mein Herr, das bin ich", antwortete Jirohei kleinlaut. „Was kann ich Euch bringen?"

„Danke, ich möchte nichts", sagte der Samurai. „Ihr habt hier einen schönen Baum gegenüber dem Teehaus."

„Ja, Herr. Diesem herrlichen Baum verdanke ich meinen Wohlstand. Es freut mich, dass Ihr seinen Anblick wertschätzt."

„Ich will einen Zweig von dem Baum", erwiderte der Samurai, „für eine Geisha."

„Ich bedauere zutiefst, dass ich Euer Ansinnen ablehnen muss. Die Priester des Tempels gaben mir entsprechende Anweisungen, bevor sie mir erlaubten, dieses Gasthaus zu errichten. Egal wer um so etwas bittet, ich muss es ablehnen. Nicht einmal die Blüten dürfen vom Baum gepflückt werden, obwohl man sie auflesen darf, nachdem sie gefallen sind. Bitte, Herr, bedenkt das alte Sprichwort, das besagt, dass wir den Pflaumenbaum für unsere Vasen beschneiden sollen, nicht aber die Kirsche!"

„Ihr scheint eine unangenehme streitsüchtige Person zu sein. Wenn ich sage, dass ich etwas will, dann meine ich das auch so und ich erwarte, dass ihr meinen Wunsch erfüllt. Geht nach draußen und schneidet mir einen Zweig ab!"

„So sehr Ihr dies wünscht, ich muss es leider ablehnen", antwortete Jirohei höflich aber bestimmt.

„Und so sehr Ihr Euch auch weigern mögt, umso mehr bin ich entschlossen, meinen Willen durzusetzen. Ich als Samurai sage, ich will den Zweig haben. Glaubt Ihr, mich von meinem Vorhaben abbringen zu können? Wenn Ihr nicht die Höflichkeit habt, mir den Zweig zu bringen, werde ich ihn mir mit Gewalt holen!" Der Samurai ließ seinen Worten Taten folgen, zog ein etwa drei Fuß langes Schwert und machte sich daran, den besten Ast des Baumes abzuschneiden. Jirohei klammerte sich an den Ärmel des Samurai und flehte:

„Ich habe Euch gebeten, den Baum in Ruhe zu lassen, doch Ihr wollt nicht auf mich hören. Bitte nehmt stattdessen mein Leben."

„Ihr seid ein unverschämter und lästiger Narr. Ich komme Eurer Bitte gerne nach."

Indem er dies sagte, stach er auf Jirohei ein, um ihn dazu zu bringen, den Ärmel loszulassen. Jirohei ließ los und rannte zu dem Baum, um diesen zu verteidigen. Im Kampf um den schönsten Ast, der trotz Jiroheis Gegenwehr vom Stamm getrennt wurde, starb der alte Mann unter den Schwerthieben des Samurai. Als der Krieger sah, dass Jirohei im Sterben lag, floh er und ließ den abgeschnittenen Ast in voller Blüte auf dem Boden liegend zurück.

Als sie den Lärm hörten, kamen die Bediensteten aus dem Teehaus, gefolgt von Jiroheis armer alter Frau. Sofort war klar, dass der Gastwirt tot war, aber er klammerte sich so fest an den Stamm des Baumes, dass es eine ganze Stunde dauerte, bis sie ihn wegbringen konnten.

Mit diesem Tag begann das Unheil. Nur wenige Leute besuchten das Gasthaus, und die, die kamen, waren arm und gaben nur wenig Geld aus. Außerdem hatte der Baum nach dem Tod von Jirohei damit begonnen, zu welken. In weniger als einem Jahr war er vollständig abgestorben. Das Teehaus musste geschlossen werden, weil es an Geld fehlte, um es weiterzuführen. Die alte Frau von Jirohei hatte sich ein paar Tage, nachdem ihr Mann zu Tode gekommen war, an dem Kirschbaum erhängt.

Die Leute sagten, dass ein Geist um den Baum herum gesehen wurde. Sie hatten Angst, nachts dorthin zu gehen. Auch die benachbarten Teehäuser litten darunter, ebenso wie der Tempel, der eine Zeit lang gemieden wurde.

Der Samurai, der all das Unglück verursacht hatte, behielt sein Geheimnis für sich. Nur seinem eigenen Vater erzählte er, was er getan hatte. Er verkündete seine Absicht, zum Tempel zu gehen, um dem Gerede über den Geist nachzugehen. So brach er eines Nachts, am dritten Tag des März im dritten Jahr von Keio[2], also vor zweiundvierzig Jahren, allein und gut bewaffnet auf. Sein Vater hatte noch vergeblich versucht, ihn aufzuhalten. Der Samurai lief geradewegs zu dem alten toten Baum und versteckte sich hinter einer Steinlaterne.

Zu seinem großen Erstaunen stand der tote Baum um Mitternacht plötzlich in voller Blüte. Er sah genauso aus, wie bei seiner ersten Begegnung, bevor er den Ast abgeschnitten und Jirohei getötet hatte.

Als er dies sah, packte ihn die Wut. Mit heftigen Hieben seines scharfkantigen Schwertes drosch er auf den Baum und seine Äste ein. Plötzlich hörte er einen furchtbaren Schrei, der aus dem Inneren des Baumes zu kommen schien.

Erschöpft stellte der Samurai seine Angriffe ein, beschloss aber, bis Tagesanbruch zu bleiben, um zu sehen, welchen Schaden er angerichtet hatte. Als der Morgen graute, fand er seinen Vater auf dem Boden liegend, in Stücke gehackt und natürlich tot. Der Vater war seinem Sohn wohl gefolgt, um dafür zu sorgen, dass ihm kein Schaden zugefügt wurde.

Von Kummer und Scham geplagt blieb dem Samurai nichts anderes übrig, als zu den Göttern zu beten und sie um Vergebung zu bitten. Er war bereit, ihnen sein Leben zu opfern, was er tat, indem er sich selbst entleibte.[3]

Von diesem Tag an wurde kein Geist mehr gesehen. Die Leute kamen wie früher, um die Kirschblüte bei Nacht wie bei Tag zu betrachten und dies tun sie auch heute noch.

Niemand hat jemals herausfinden können, ob die Erscheinung, die man des Nachts beobachtet hatte, der Geist von Jirohei war, oder der seiner Frau, oder der des Kirschbaums, der gestorben war, nachdem sein schönster Ast abgetrennt worden war.

---

[1] Der in Kyōtos nördlichem Bezirk Kita-ku 北区 gelegene Hirano-schrein 平野神社 wurde im Jahre 794 gegründet. Auf dem Schreingelände wachsen mehr als vierhundert Kirschbäume der verschiedensten Art. Der bekannteste Baum, dessen Blüte den Beginn der Hanami-Saison 花見 in Kyōto signalisiert, trägt den Namen Sakigakesakura 魁桜. Seit 985 richtet der Schrein jedes Jahr am 10. April ein Kirschblütenfest aus.

[2] Die Keiō-Ära 慶応年号, in der die Kaiser Kōmei 孝明天皇 und Meiji 明治天皇 das Land regierten, umfasste die Zeit von Januar 1865 bis September 1868.

[3] Siehe Anmerkung 9 in „Die Lotosgeister“.

Wiedergeburt

Im nördlichsten und gebirgigsten Teil der Provinz Echigo[1] befindet sich ein Tempel, von dem seit der Zeit des Kaisers Ichijo[2] eine seltsame Geschichte erzählt wird. Obwohl dies schon sehr lange her ist, Ichijo regierte in den Jahren 987 bis 1011, versicherte mir der Erzähler, der Tempel existiere noch immer.

Die Weihestätte trägt den Namen Kinoto und liegt in den Bergen, umgeben von tiefen Wäldern, die in jenen Tagen von menschlichen Einflüssen fast unberührt waren.

Der Priester, der dem Kinoto-Tempel vorstand, war ein junger aber sehr frommer Mönch, der zweimal am Tag laut aus den heiligen buddhistischen Schriften rezitierte.

Eines Tages bemerkte der gute Mann, dass zwei Affen von dem bewaldeten Hang heruntergeklettert waren und ihm, anstatt herumzualbern, mit ernster Miene andächtig zuhörten. Amüsiert fuhr er mit dem Vorlesen der Sutras fort, ohne sich weiter um die Besucher zu kümmern. Sobald er fertig war, zogen die Affen sich in die Berge zurück.

Umso mehr überraschte es den Mönch, dass die Affen am nächsten Tag erneut erschienen, und als sie am dritten Tag wiederkamen, um seine Predigten zu hören, konnte er nicht anders, als sie nach dem Grund ihres Kommens zu fragen.

„Wir sind gekommen, ehrwürdiger Vater, weil wir so gerne zuhören, wie Ihr die Worte Buddhas vortragt. Gerne würden wir durch eigene Lektüre mehr über die Weisheiten und Tugenden Buddhas erfahren. Wäre es möglich, eine Kopie von seinen ehrwürdigen Schriften zu bekommen?"

„Es wäre sehr aufwendig, eine solche anzufertigen", antwortete der Priester erstaunt, „aber da Ihr ein so starkes Interesse an den Predigten unseres großen Herrn habt, werde ich mich bemühen, Euren Wunsch zu erfüllen."

Die Affen verneigten sich tief und verließen den Priester, zufrieden mit sich selbst und mit dem Versprechen, das sie erhalten hatten. Der Priester machte sich unverzüglich an die mühsame Arbeit, die buddhistischen Schriften zu kopieren.

Einige Tage später kamen an die fünfhundert Affen zum Tempel. Sie trugen Bögen von Pergamentpapier mit sich, die sie dem Priester vorlegten. Ihr Anführer bekräftigte ihren Dank und den Wunsch, eine Kopie der Schriften zu erhalten, damit sie Buddhas Gesetze kennenlernen und sich selbst bessern könnten. Nach einer erneuten Verbeugung vor dem Priester zogen sie sich zurück. Nur die beiden Affen vom ersten Besuch blieben. Diese machten sich fleißig an die Arbeit, den Priester während der Schreibarbeiten mit Nahrung zu versorgen. Tag für Tag streiften sie durch die bewaldeten Hänge und kehrten mit wilden Früchten, Kartoffeln, Honig und Pilzen zurück. Der Priester schrieb unablässig weiter, bis er fünf Bände der heiligen Schriften fertiggestellt hatte.

Danach blieben die Besuche der Affen aus irgendeinem unerklärlichen Grund aus. Nachdem sie zwei Tage nicht gekommen waren, begab der Priester sich auf die Suche nach ihnen, da er befürchtete, dass sie von einem Unglück ereilt worden waren. Überall fand er Spuren ihrer Futtersuche: abgebrochene Äste von den wilden Obstbäumen sowie Kratzspuren und Löcher an den Stellen, wo sie nach Kartoffeln gegraben hatten. Offensichtlich hatten die Affen sich sehr um sein Wohl bemüht, und nun machte er sich ernsthafte Sorgen um sie.

Endlich, als er sich dem Berggipfel näherte, schlug sein Herz höher und wurde zugleich von Kummer erfüllt. Auf ihrer Suche nach Kartoffeln hatten die Affen ein Loch gegraben, so tief, dass sie nicht mehr herauskamen. Dann waren sie wohl an gebrochenem Herzen gestorben, weil sie fürchteten, der Priester würde glauben, sie hätten ihn verlassen. Es blieb dem frommen Mann nichts anderes übrig, als die Affen zu begraben und für ihren Segen zu beten.

Kurze Zeit später wurde der Priester an einen anderen Tempel abberufen. Da er keine Notwendigkeit sah, die buddhistischen Schriften weiter zu kopieren, legte er die fünf Bände, die er bereits fertiggestellt hatte, in ein verborgenes Regal, das in eine der Säulen des Tempels geschnitzt war.

Vierzig Jahre später kam ein Fürst namens Kinomi-ta-ka Ason, der gerade zum Gouverneur der Echigo-Provinz ernannt geworden war, in den Tempel. Er erschien mit dem Großteil seiner Gefolgsleute und fragte die Priester, ob sie irgendetwas über die unvollendete Kopie der buddhistischen Schriften wüssten. Befand sie sich vielleicht noch im Tempel?

„Nein", sagten sie, „keiner von uns war hier zu der Zeit, als sich die Dinge ereigneten, von denen Ihr berichtet. Aber es gibt einen alten Mann, einen Diener, der fünfundachtzig Jahre alt ist. Vielleicht kann er Euch etwas sagen. Wir werden nach ihm rufen."

Kurz darauf wurde ein Mann mit wallendem weißen Bart hereingelassen.

„Handelt es sich bei dem Dokument, das Ihr sucht, um die Abschrift, die ein Priester für eine Horde von Affen angefertigt hat? Nun, wenn das so ist, dann muss ich Euch mitteilen, dass es seither nie wieder angerührt wurde. Ich hielt es für so unwichtig, dass ich es schon fast vergessen hatte. Das Dokument liegt in einem kleinen geheimen Regal in einer der ausgehöhlten Hauptsäulen des Tempels. Ich werde es holen."

Kurze Zeit später lagen die Abschriften in den Händen von Kinomi-ta-ka Ason, der bei ihrem Anblick in freudige Erregung geriet. Er erzählte den Priestern und dem alten Mann, dass er der Herr der Provinz Echigo sei und dass er den ganzen Weg zu ihrem Tempel auf sich genommen hätte, um zu sehen, ob es dort noch unvollendete Bände der buddhistischen Schriften gäbe. „Denn", so sagte er, „ich war der ältere der beiden Affen, die so sehr daran interessiert waren, Kopien der Predigten unseres Herrn Buddha anfertigen zu lassen. Und jetzt, da ich als Mensch geboren wurde, möchte ich das Werk vollenden."

Kinomi-ta-ka Ason durfte die fünf Bände mitnehmen. In den folgenden Jahren fertigte er selbst in unermüdlicher Arbeit Kopien davon an. Am Ende waren es dreitausend Bände, und es wird gesagt, dass sie seitdem im Tempel von Kinoto in Echigo als dessen heiligster Schatz aufbewahrt werden.

---

[1] Siehe Anmerkung 2 in „Der Skelettberg".

[2] Tatsächlich regierte Kaiser Ichijō 一条天皇 von 986 bis 1011. Zu seinen Hofbediensteten gehörten Murasaki Shikibu 紫式部 und Sei Shōnagon 清少納言, die mit der Geschichte vom Prinzen Genji, Genji Monogatari 源氏物語, und dem Kopfkissenbuch, Makura no Sōshi 枕草子, zwei frühe Meisterwerke der japanischen Literatur erschaffen haben.

Wie Masakuni sein Augenlicht wiedererlangte

Vor etwa siebzig Jahren lebte in Kyoto ein berühmter Schwertschmied, der aus der Provinz Awa in Tokushima[1] gekommen war. Awanokami Masakuni[2], so war sein Name, hatte es aus geschäftlichen Gründen nach Kyoto verschlagen, denn dort residierten die Angehörigen des Schwertadels, die ihn für seine Arbeit fürstlich belohnten. Bei dem Waffenschmied lebte seine wunderschöne Tochter Ai. Sie war vierzehn Jahre alt und noch ein Kind, aber ihre Schönheit betörte alle, die sie zu Gesicht bekamen. Doch Ai liebte nur ihren Vater, den sie abgöttisch verehrte.

Im Laufe der Jahre hatte Masakuni seine Fertigkeiten, Klingen zu schmieden und Schwerter herzustellen, immer weiter verbessert. Die anderen Schwertschmiede, die wie Masakuni im Karasu-Tengu-Bezirk von Kyoto wohnten, betrachteten seinen Aufstieg neidvoll. Und so kostete Masakunis Geschicklichkeit ihn letztendlich ein Auge! Während die Samurai als Schwertträger einem Kodex moralischer Grundsätze folgten, der von Ehre und Bushi[3] geprägt war, zeigten die Schwertschmiede ein gegenteiliges Verhalten. Sie begingen oft die schrecklichsten und feigsten Verbrechen. Eines davon war, ihren schwertmachenden Rivalen ein Auge oder gar beide auszustechen, während sie schliefen. So geschah es eines Nachts, dass die kleine Ai von dem durchdringenden Schrei ihres Vaters aus dem Schlaf gerissen wurde. Sie fand ihn auf dem Boden liegend, wo er sich unter Höllenqualen krümmte. Sein rechtes Auge war ausgestochen und zerstört.

Ai rief noch um Hilfe, doch nichts konnte das Auge ihres Vaters retten. Obwohl die Wunde im Laufe der Zeit ausheilte, blieb Masakuni die Gewissheit, sein rechtes Auge niemals wieder benutzen zu können. Die Genugtuung, seinen Angreifer zu fangen, blieb ihm verwehrt, denn er hatte den Übeltäter nicht erkannt. Unter diesen Umständen konnte Masakuni seinen Beruf nicht länger ausüben. Es war einfach unmöglich geworden, die feinen Arbeiten in der Perfektion auszuführen, die seinen Ruf als Meister der Schmiedekunst begründet hatte. So kehrte er mit seiner Tochter in sein Heimatdorf Ohara in der Provinz Awa zurück.

Der arme Masakuni hatte sich noch kaum in seinem alten Zuhause eingelebt, als sich das verbliebene linke Auge entzündete. Es wurde immer schlimmer und nach einer Woche war zu befürchten, dass er auch dieses verlieren würde.

Ai war untröstlich. Der Gedanke, dass ihr geliebter Vater im Begriff war, vollständig zu erblinden, war unerträglich. Sie liebte ihn innig und wusste, dass seine einzigen verbliebenen Freuden im Leben sie selbst und der Anblick schöner Landschaften waren. Was konnte sie nur tun? Sie kümmerte sich Tag und Nacht um ihn, indem sie ihn bekochte und pflegte. Als sie alle Möglichkeiten ausgeschöpft hatte, ihrem Vater zu helfen, und der Zustand seines linken Auges ungeachtet dessen immer schlechter wurde, begann sie zu beten. Täglich stieg sie unter großen Mühen auf den steilen und felsigen Berg Shiratake, wo sich in der Nähe des Gipfels ein kleiner Tempel befand, der Fudo[4] geweiht war, dem Gott der Weisheit. Dort betete sie Tag für Tag um einen Hinweis, wie ihr Vater geheilt werden könnte. Obwohl es im Winter dort eisig kalt war, entledigte sie sich ihrer Kleidung und stand fast eine halbe Stunde lang unter dem Wasserfall, von dem der Berg seinen Namen hat. So verlangte es der Brauch von allen, die der Gottheit die Ernsthaftigkeit und Aufrichtigkeit ihrer Gebete vor Augen führen wollten.

Drei Monate lang war Ai täglich auf den Berg gestiegen, um zu beten und die schreckliche Kälte des Wasserfalls zu ertragen. Doch ihre Hilferufe schienen ungehört, denn der Zustand ihres Vaters besserte sich nicht. Das junge Mädchen verlor nicht den Mut. Trotz der großen Kälte, die Felsen waren an vielen Stellen mit Eis bedeckt, entledigte sie sich jedes Mal nach dem Gebet ihrer Kleidung und trat unter den Wasserfall. An einem Tag war die Kälte so eindringlich, dass sie nach kurzer Zeit das Bewusstsein verlor, in das Becken des Wasserfalls hinunterrutschte und schwer mit dem Kopf aufschlug. In diesem Augenblick kam durch eine glückliche Fügung ein alter Mann, gefolgt von seinem Diener, den Berg hinauf. Als er den herrlichen Wasserfall bewundernd betrachtete, fiel ihm der weiße Körper von Ai ins Auge, der keine dreißig Fuß von ihm entfernt im Becken des Wasserfalls herumgewirbelt wurde. Der alte Mann und sein Diener zogen den regungslosen Körper unverzüglich aus dem Wasser. Nachdem sie ihn getrocknet und massiert hatten, stellten sie fest, dass das Leben nicht ganz erloschen war. Ai hatte viel Wasser geschluckt und war noch immer betäubt von der Kälte und dem Aufschlag auf den Felsen. Zudem floss Blut aus einer Wunde am Kopf.

Die beiden Männer wollten alles daransetzen, das schöne Mädchen zu retten. Sie hüllten sie in ihre Kleider und wärmten sie an einem Feuer. In weniger als zwanzig Minuten öffnete Ai ihre Augen und war bereit zu sprechen. Als der alte Mann dies bemerkte, fragte er:

„Der Zufall wollte es, dass wir Euch gerade noch rechtzeitig finden konnten. Habt Ihr versucht, Euch das Leben zu nehmen?"

„Nein", sagte das Mädchen, „ich hatte niemals die Absicht, meinem Leben ein Ende zu bereiten. Ich bin hierhergekommen, um durch mein Gebet das Augenlicht meines Vaters zu retten. Hundert Tage ist es her, dass ich zum ersten Mal hier hochgegangen bin. Morgen und an jedem folgenden Tag werde ich wieder hier sein, um zu beten, denn Buddha lehrt uns, niemals aufzugeben." Danach erzählte Ai ihrem Retter, wie ihr Vater sein Augenlicht verlor.

Der Mann erwiderte:

„Pflichterfüllung wird belohnt, so auch in Eurem Fall. Vermutlich wisst Ihr nicht, wer ich bin. Mein Name ist Uozumi, Doktor Uozumi. Ich bin der leitende Arzt in Kyoto und derzeit der Einzige, der sein Studium der medizinischen Wissenschaften vollständig abgeschlossen hat.[5] Ich war gerade im Palast in Yedo und bin jetzt auf dem Rückweg nach Kyoto. Nur für heute habe ich mit meinem Schiff hier angelegt und bin auf diesen Berg gestiegen, um die schöne Landschaft zu bewundern. Jetzt habe ich Euch in großer Not vorgefunden und mich entschieden, ein oder zwei Wochen zu bleiben, um zu sehen, was für Euren Vater getan werden kann. Lasts uns keine Zeit verlieren. Zieht Eure restlichen Kleider an und lasst uns zu Eurem Haus gehen."

Ai war hocherfreut. Endlich, dachte sie, war ihr Gebet von Fudo-san erhört worden. Mit Freude im Herzen rannte sie den Berg hinunter und vergaß dabei, dass sie dem Tod nur knapp entgangen war und eine schwere Kopfwunde davongetragen hatte. Dr. Uozumi konnte dem jungen Mädchen kaum folgen.

Im Haus des Vaters angekommen, untersuchte Uozumi den Patienten und rührte Medikamente nach holländischen Rezepten[6] an, deren Zutaten er glücklicherweise bei sich hatte. Tag für Tag kümmerten sich der Arzt und Ai um Masakuni, und am Ende des zehnten Tages war sein linkes Auge vollkommen geheilt.

Masakuni war hocherfreut und dankbar. Wie seine Tochter schrieb er die teilweise Wiederherstellung seines Augenlichts der glücklichen Ankunft des berühmten Arztes und der Gnade des Fudo-san zu. Nachdem er Körper und Seele gereinigt hatte, indem er sich zehn Tage lang pflanzlich ernährte und in kaltem Wasser badete, begann er mit der Herstellung zweier Schwerter, die er kurze Zeit später fertigstellte. Eines schenkte er dem Gott Fudo, das andere dem Arzt Uozumi. Sie wurden danach als die berühmten Schwerter des halbblinden Masakuni bekannt.

Der Arzt wollte nicht akzeptieren, dass ein so begabter Meister der Schwertschmiedekunst wie Masakuni mit seiner schönen Tochter in diesem abgelegenen Provinzdorf blieb. Und so überredete er die beiden, sich ihm in Kyoto anzuschließen. Er verschaffte Ai einen Platz als Ehrendame im Palast des Fürsten von Karasumaru[7], wo sie glücklich wurde.

Fünf Jahre später starb Masakuni und wurde auf dem Friedhof von Toribeyama[8], am östlichen Ende von Kyoto, begraben.

---

[1] Siehe Anmerkung 8 in „Das Kap des Frauenschwertes".

[2] Masakuni 正国 ist der Name des Begründers einer berühmten Schwertschmiedeschule, die im 16. Jahrhundert im Ort Dōtanuki 同田貫 in der Provinz Higo 肥後国 etabliert wurde. Heute trägt auch der bekannteste Hersteller von Bonsai-Werkzeugen den Namen Masakuni. Gründer des Unternehmens ist Masakuni I, Shichinosuke Kawasumi 川澄七之助, der von 1880 bis 1950 lebte.

[3] Bushi 武士 ist die Bezeichnung für ein Mitglied des japanischen Kriegerstandes. Der Verhaltenskodex der Samurai, Bushidō 武士道, verpflichtet zur Einhaltung der sieben Tugenden: Aufrichtigkeit, Gi 義, Mut, Yu 勇, Menschlichkeit, Jin 仁, Höflichkeit, Rei 礼, Wahrhaftigkeit, Makoto 誠, Ehrbewusstsein, Meiyo 名誉 und Loyalität, Chūgi 忠義.

[4] Siehe Anmerkung 6 in „Das Kap des Frauenschwertes".

[5] In der Edo-Zeit (1603–1868) existierte in Japan kein einheitliches staatliches Approbationsverfahren für den Beruf des Arztes. Jedes Fürstentum konnte eigene Medizinschulen errichten und verwalten. Nach erfolgreichem Abschluss zog der Absolvent meist für zwei oder drei Jahre in die Großstädte Edo oder Kyōto, um sein Handwerk in der Praxis zu erproben. Universitäten mit medizinischen Fakultäten nach

westlichem Vorbild, an denen japanische und europäische Professoren lehrten, wurden erst im Verlaufe der Meiji-Restauration nach 1868 gegründet.

[6] Im Japan des 19. Jahrhunderts koexistierten zwei Medizinsysteme: die von der traditionellen chinesischen Gesundheitslehre abgeleitete Kampō-Medizin 漢方 und die westlichen Behandlungsmethoden, die über die holländischen Handelsschiffe nach Japan gelang waren. Nach der Freigabe der Einfuhr westlicher Lehrbücher durch den Shōgun Tokugawa Yoshimune 徳川吉宗 im Jahre 1720 stand das medizinische Wissen im Mittelpunkt der einsetzenden „Hollandstudien", Rangaku 蘭学. Eine wichtige Rolle beim Wissenstransfer spielten auch die Faktoreiärzte am niederländischen Handelsstützpunkt Deshima 出島, wie Philipp Franz von Siebold, der sich von 1823 bis 1829 sowie von 1859 bis 1862 in Japan aufhielt.

[7] Die Karasumaruke 烏丸家 waren eine Adelsfamilie, die dem Hino-Zweig 日野家 des Fujiwara-Hokka-Clans 藤原北家 entstammte. Sie geht auf Toyomitsu 豊光, den dritten Sohn von Uramatsu Yasuyasu 裏松資康, einem Feudalherrn der Muromachi-Periode (1336–1573), zurück. Heute trägt eine wichtige Nord-Süd-Achse im Zentrum Kyōtos den Namen Karasuma-dori 烏丸通り.

[8] Toribeno 鳥辺野 ist der Name eines alten Bestattungsplatzes in Kyōto, der sich seit dem 8. Jahrhundert im Gebiet Higashiyama 東山 in der Nähe des Berges Amidagamine 阿弥陀が峰 befand. Zunächst wurden die Leichen hier den Vögeln ausgesetzt. Im Jahre 811 kam der buddhistische Priester Kōbō Daishi 弘法大師 in diese Gegend. Er lehrte die örtlichen Bauern, die Toten in der Erde zu begraben und für sie zu beten. Der Friedhof wurde im 12. Jahrhundert von Taira no Kiyomori 平清盛 in den Osten Kyōtos, in die Nähe des Kiyomizu-Tempels 清水寺, verlegt.

Der Wein des ewigen Lebens

An der nordöstlichen Grenze der Provinz Totomi und der nordwestlichen der Provinz Suruga[1] erhebt sich der Gipfel des Daimugenzan[2]. Es ist ein rauer und zerklüfteter Berg, der fast zu drei Vierteln mit hohen Kiefern sowie mit Yenoki-[3], Icho-[4], und Kampferbäumen bewachsen ist. Es gibt nur wenige Pfade nach oben, da kaum jemand den Berg besteigt. Ungefähr auf halber Höhe befindet sich ein Tempel, der Kwannon[5] geweiht wurde. Dieser ist so klein und unbedeutend, dass kein Priester dort lebt, der das Gebäude pflegen könnte. Niemand weiß, warum er an einem so unzugänglichen Ort errichtet wurde, außer vielleicht einem einzelnen Mädchen und ihren Eltern, die ihn vor langer Zeit regelmäßig besucht haben.

Eines Tages im Jahre 1107 stieg das Mädchen Okureha zum Tempel auf, um für die Genesung ihrer kranken Mutter zu beten. Sie lebte im Dorf Tashiro[6] am Fuße des Berges und war die hübsche Tochter eines sehr beliebten und bedeutenden Samurai. In der besinnlichen Stille des Ortes klatschte Okureha beim Beten dreimal vor Kwannon in die Hände, so laut, dass das Echo am Berg widerhallte. Nachdem sie ihr Gebet beendet hatte, begab sich das Mädchen auf den Weg nach unten, als sie plötzlich von einem grobschlächtig aussehenden Mann angegriffen wurde, der sie am Arm packte.

Okureha schrie laut um Hilfe, doch als dies keine Wirkung zeigte, außer dem Echo ihrer Stimme, gab sie sich fast verloren.

Plötzlich kam eine eiskalte Brise auf, die die Herbstblätter vom Waldboden in die Höhe wirbelte. Das Mädchen kämpfte heftig mit ihrem Angreifer, der durch den frostigen Wind, der ihm ins Gesicht schlug, zu schwächeln schien. Plötzlich stürzte der Mann betäubt wie ein Betrunkener zu Boden. Auch Okureha verließen die Kräfte. Sie schwankte und konnte vor Erschöpfung kaum die Augen offenhalten. Doch dann wehte plötzlich ein warmer Wind, der ihre Lebensgeister wiedererweckte. Als sie aufblickte, sah sie ein Mädchen von vollendeter Schönheit auf sich zukommen, das anscheinend kaum älter als sie selbst war. Die Fremde war in Weiß gekleidet und schien über dem Boden zu schweben. Ihr Gesicht war weiß wie der Schnee, der den Daimugenzan bedeckte, ihre Brauen halbmondförmig, wie die von Buddha. Ihr Mund ähnelte einer Blume. Mit silberheller Stimme rief sie Okureha zu:

„Hab keine Angst, mein Kind. Ich sah, dass du in Gefahr warst und kam zu deiner Rettung, indem ich diesen Unhold in Schlaf versetzte. Ich schickte dir eine warme Brise, damit du nicht auch zu Boden fällst. Um den Mann brauchst du dich nicht zu sorgen – er ist nicht tot. Ich kann ihn wiederbeleben, wenn ich will, oder ihn so lassen, wie er ist. Und nun, sag mir deinen Namen."

Die Gerettete fiel vor Dankbarkeit auf die Knie und sprach: „Mein Name ist Okureha. Mein Vater ist der Samurai, dem ein großer Teil des Dorfes Tashiro am Fuße des Berges gehört. Da meine Mutter krank ist, bin ich zu diesem alten Tempel aufgestiegen, um zu Kwannon zu beten. Fünfmal war ich schon hier oben, aber ich habe noch nie jemanden getroffen. Doch heute hat mich dieser schreckliche Mann angegriffen. Meine Rettung verdanke ich Euch und dafür bin ich demütig und zutiefst dankbar. Schon mein Vater und meine Mutter haben hier gebetet, bevor ich geboren wurde, sowohl zu Kwannon als auch zu den Tennin[7] des Berges. Sie konnten kein Kind bekommen, und erst als Folge ihrer Gebete wurde ich geboren. Deshalb ist es meine Pflicht, hierherzukommen, um für meine kranke Mutter zu beten. Doch dieser brutale Mann hat mich derart erschreckt, dass die Furcht vor ihm mich in Zukunft davon abhalten wird."

Die Berggöttin – niemand anders war die Retterin Okurehas – lächelte und sagte: „Du brauchst keine Angst zu haben, mein schönes Kind. Komm zum Tempel, wann immer du willst, und ich werde dich beschützen. Kinder, die ihren Eltern so ergeben sind wie du, verdienen nur das Beste, denn sie tragen einen Funken Heiligkeit in sich. Wenn du mir eine Freude machen willst, so komm morgen wieder, damit wir uns unterhalten können – und bring mir ein paar Blumen von den Feldern mit, denn ich selbst steige nie vom Berg herunter, um sie zu holen, obwohl ich sie doch so sehr liebe, mit ihren bunten Blüten und ihrem süßen Duft. Und nun, geh besser nach Hause. Wenn du auf dem Weg nach unten bist, werde ich diesen schrecklichen Mann wieder zum Leben erwecken und ihn gehen lassen. Er wird nicht mehr zurückkommen, um dich zu belästigen."

„Schon morgen werde ich wieder hier sein", erwiderte Okureha und verbeugte sich tief, während sie der Göttin mehrfach „Sayonara" zurief.

Okureha konnte in der Nacht keinen Schlaf finden, so sehr hatte sie das Erscheinen der Göttin beeindruckt. Bei Tagesanbruch lief sie zu den Feldern, um Blumen zu pflücken, die sie den Berg hinauf zum Tempel brachte, wo die Göttin bereits auf sie wartete. Sie sprachen über verschiedene Dinge, genossen das Beisammensein und verabredeten, sich regelmäßig zu treffen.

In der Folge stieg Okureha immer, wenn sie Zeit hatte, auf den Berg. Das ging fast ein Jahr lang so, bis sie eines Tages, als sie der Göttin Blumen brachte, einen traurigen Eindruck machte.

„Was ist mit dir?", fragte die Berggöttin. „Warum bist du so traurig?"

„Ah, Eure Heiligkeit, ihr habt recht", antwortete Okureha. „Ich bin traurig, denn dies könnte der letzte Tag sein, an dem ich hierherkomme, um Euch zu treffen. Mein Geburtstag jährt sich zum siebzehnten Mal, und meine Eltern halten mich für alt genug, um zu heiraten. Bereits vor zwölf Jahren hat mein Vater mit seinem Freund, Tokue von Iwasakimura[8], verabredet, dass ich dessen Sohn heiraten soll, wenn wir alt genug wären. Jetzt ist es soweit. Ich muss mich vermählen. Die Hochzeit soll schon in drei Tagen stattfinden. Danach muss ich zu Hause bleiben und meinem Mann dienen. Ich fürchte, ich werde Euch nicht mehr sehen können. Das ist der Grund für meine Traurigkeit."

Während Okureha sprach, liefen ihr die Tränen über die Wangen. Sie schien untröstlich, aber die Göttin beruhigte sie und sagte: „Du musst nicht traurig sein, liebes Kind. Du solltest dich auf deine Hochzeit freuen. Wenn die Menschen nicht verheiratet wären und keine Kinder zeugen würden, könnte es keinen Fortbestand geben. Geh zurück, mein Kind und werde glücklich, indem du deine Pflicht gegenüber der Welt erfüllst. Bevor wir uns verabschieden, gebe ich dir diese kleine Flasche, gefüllt mit Furoshu, dem Wein des ewigen Lebens. Achte auf ihn, wenn du den Berg hinabsteigst, und wenn du verheiratet bist, gib deinem Mann etwas davon. Ihr werdet beide so bleiben wie ihr seid und keinen Tag älter werden, auch wenn ihr Jahrhunderte lebt. Außerdem wird der Trank euch vollkommenes Glück bringen. Und nun, lebt wohl!"

Erneut traten Okureha die Tränen in die Augen, als sie sich von ihrer Wohltäterin verabschiedete. Sie nahm all ihren Mut zusammen und stieg mit einer letzten Verbeugung weinend den Berg hinunter. Drei Tage später wurde Okureha verheiratet. Es war ein Glückstag nach dem Kalender, und außerdem schrieb man das Jahr, in dem Kaiser Toba[9] den Thron bestieg.

Wenige Tage später, als sie ihre Vermählung bei einem Picknick feierten, gab Okureha ihrem Mann etwas von dem Furoshu-Sake und trank den Rest selbst, wie die Göttin es ihr geraten hatte. Das Paar saß auf einer herrlich grünen Wiese, auf der wilde Veilchen wuchsen, die wunderbar dufteten. Nicht weit von ihnen gluckerte ein klarer Gebirgsbach. Zu ihrer Überraschung sahen sie, dass plötzlich Kirschblütenblätter um sie herum fielen, was sie sehr verwirrte, denn es gab keine Kirschbäume in der Nähe. Doch dann sahen sie am blauen Himmel eine weiße Wolke, die gerade über sie hinweg zog, und auf dieser saß die Göttin des Berges Daimugenzan. Okureha erkannte sie und war nun bereit, ihren Mann in ihr Geheimnis einzuweihen. Die weiße Wolke trug die Göttin hinauf auf den Gipfel des Berges, wo sie schwebte, bis sich ihr Bild im Schatten des Abends verlor.

Okureha und ihr Mann alterten fortan nicht. Sie lebten hunderte von Jahren als Sennins[10] am Berg Daimugenzan.

---

[1] Die Gebiete der historischen Provinzen Tōtōmi 遠江国 und Suruga 駿河国 entsprechen heute dem der Präfektur Shizuoka 静岡県.

[2] Der 2330 Meter hohe Daimugen-zan 大無間山 liegt etwa 30 km nordwestlich der Präfekturhauptstadt Shizuoka 静岡市 im südlichen Teil des Akaishi-Gebirges 赤石山脈, das auch als die „japanischen Südalpen" bezeichnet wird.

[3] Der bis zu 20 Meter hoch wachsende chinesische Zürgelbaum, *Celtis sinensis var. Japonica,* trägt in Japan den Namen Enoki 榎.

[4] Der Gingko-Baum wird in Japan als Ichō 銀杏 bezeichnet.

[5] Kannon 観音 ist die japanische Göttin der Barmherzigkeit. Im klassischen Sanskrit wird sie Avalokiteshvara अवलोकितेश्वर genannt. Sie ist die bekannteste Boddhisattva-Figur बोधिसत्त्व des Mahayana-Buddhismus महायान.

[6] Der kleine Ort Tashiro liegt 6 km vom Gipfel des Daimugen-zan entfernt am westlichen Ufer des Ikawako 井川湖, der seit 1952 durch einen Damm am Ōi-Fluss 大井川 aufgestaut wird.

[7] Die himmlischen Wesen des Buddhismus, Tennin 天人, ähneln in ihrer Bedeutung den Engeln der christlichen Religion. In Darstellungen findet man sie oft auf Wolken stehend oder durch die Luft fliegend. Meist spielen sie Musikinstrumente oder streuen Blumen, um Buddha zu preisen.

[8] Iwasakimura 岩崎村 war bis 2002 ein Dorf in der Präfektur Aomori 青森県 im Norden der japanischen Hauptinsel Honshū 本州. Heute gehört es zur Stadt Fukaura 深浦町.

[9] Kaiser Toba 鳥羽天皇 regierte von 1107 bis 1123.

[10] Sennin 仙人 ist die Bezeichnung für Eremiten oder Bergheilige, denen ein langes Leben und der Besitz von magischen Kräften zugeschrieben wird. Den Sennin-Status konnten sie durch asketische Übungen erlangen. Der bekannteste Sennin, Tōbōsaku 東方朔, lebte vor über 2000 Jahren am Hof des chinesischen Kaisers Han Wudi 漢武. Der Legende nach soll Tōbōsaku nach dem Verzehr dreier Pfirsiche aus dem Feengarten der Göttin Seiōbo 西王母 mehr als 1000 Jahre alt geworden sein.

Die Tragödie einer stürmischen Nacht

Jeder, der sich mit japanischer Geschichte beschäftigt hat, kennt Saigo Takamori, der von 1827 bis 1877 lebte. Viele Jahre war er ein treuer Anhänger des Kaisers, bis er sich 1876 von ihm abwandte, weil er die Europäisierung des Landes und die Abkehr von den alten nationalen Bräuchen missbilligte. Saigo floh nach Kagoshima, wo er mit seiner Erfahrung als Oberbefehlshaber der kaiserlichen Armee eine Gruppe treuer Anhänger um sich scharte und damit den Satsuma-Aufstand einleitete. Die kaisertreuen Truppen besiegten jedoch die Rebellen und im September 1877 wurde Saigo getötet. Einige sagen, dass er in der letzten Schlacht starb, andere, dass er Seppuku[1] beging und sein Kopf abgetrennt und heimlich begraben wurde, damit er nicht in die Hände seiner Feinde fiel. Saigo Takamori wurde auch von seinen Gegnern hoch verehrt. Es fällt schwer, ihn einen Aufständischen zu nennen. Er rebellierte nicht gegen seinen Kaiser, sondern nur gegen die abscheuliche Idee, europäisiert zu werden. Wer kann behaupten, dass er nicht im Recht war? Er war ein Mann mit feinen Gefühlen und großer Loyalität. Würden wir alle dem Befehl des englischen Königs demütig folgen, wenn uns gesagt würde, dass wir die Sitten und Gebräuche der Südseeinsulaner praktizieren sollten? Das wäre für uns kaum weniger empörend, als es die Europäisierung für Saigo war.[2]

1868, im ersten Jahr der Regentschaft des Kaisers Meiji[3], hatte Saigo die Tokugawa-Armee bei Fushimi[4] schwer geschlagen. Keiki[5], dem Feldmarschall der Tokugawa, gelang es nicht, herunter zum Meer zu gelangen und nach Yedo zu entkommen. Die kaiserlichen Truppen rückten entlang der Tokaido-Straße vor, fest entschlossen, die gegnerische Armee zu zerschlagen. Ihre Vorhut hatte bereits Hiratsuka[6] erreicht, das an der Küste unterhalb des Berges Fuji lag.

Es war der 5. April, ein Frühlingstag, an dem die Kirschbäume in voller Blüte standen. Die Landbevölkerung war gekommen, um die Vorhut der siegreichen Truppen zu treffen. Darunter waren viele Bettler und Hausierer sowie Händler von Süßspeisen, gebratenen Kartoffeln und anderem mehr. Am Nachmittag zogen Wolken auf und um fünf Uhr begann es zu regnen. Eine Stunde später hatte die Truppe Quartier bezogen.

Im größten Gasthaus am Ort war eine Gruppe von Stabsoffizieren untergekommen, darunter der tapfere Saigo. Sie machten das Beste aus dem schlechten Wetter, waren aber schon müde, als sie die sanften und melodischen Töne einer Shakuhachi[7] vor der Eingangstür hörten.

„Das ist der arme blinde Bettler, den wir heute in der Nähe des Tempels spielen sahen", sagte einer. „Ja, so ist es," sagte ein anderer, „der arme Kerl muss vom Regen durchnässt sein. Lasst uns ihn hereinrufen."

„Eine großartige Idee", stimmten alle zu, unter ihnen auch Saigo Takamori. „Wir werden ihn hereinlassen und gut bezahlen, wenn es ihm gelingt, unsere Stimmung bei diesem schlechten Wetter zu heben." Sie gaben dem Wirt die Anweisung, den blinden Flötenspieler einzulassen.

Der arme Mann wurde durch eine Seitentür hereingeführt und zu den Offizieren gebracht. „Edle Herren", sagte er, „Ihr habt mir die Ehre erwiesen und mir einen großen Gefallen getan, denn es ist alles andere als angenehm, in Baumwollkleidung draußen im Regen zu stehen und zu spielen. Ich glaube, dass ich mich bei Euch revanchieren kann, denn man sagt, dass ich ein Meister an der Shakuhachi bin. Nachdem ich das Augenlicht verlor, wurde das Musizieren mein einziges Vergnügen, und nicht nur das, auch die einzige Möglichkeit, meinen Lebensunterhalt zu verdienen. In diesen unruhigen Tagen, in denen alles auf dem Kopf steht, finde ich kaum ein Publikum. Es kommen keine Reisenden in die Gasthöfe, während die kaiserlichen Truppen sie besetzen. Es sind schwierige Tage, meine Herren."

„Es mögen harte Tage für Euch sein, aber sagt nichts gegen die kaiserlichen Truppen."

„Nun, ich möchte mich nicht über Euch beschweren", antwortete der Bettler. „Ich will nur sagen, dass es für einen Blinden in diesen Zeiten schwierig ist, genug Reis zu verdienen, um sich den Magen zu füllen. Wenn ich Glück habe, werde ich einmal in der Woche gerufen, um auf privaten Festen zu spielen oder irgendeinen Rheumakranken zu massieren, der bei diesem nassen Wetter von Schmerzen geplagt ist – er sei von den Göttern gesegnet!"

„Nun, wir werden sehen, was wir für Euch tun können", sprach Saigo. „Mach hier deine Runde und schau, was die Leute dir geben. Danach beginnen wir mit dem Konzert."

Matsuichi – so nannte sich der blinde Mann – tat, wie ihm geheißen und kehrte zehn Minuten später mit fünf oder sechs Yen in der Hand zu Saigo zurück. Dieser sprach: „Da, seht Ihr, was sagt Ihr nun? Behauptet nicht länger, dass die kaiserlichen Truppen für Euren leeren Bauch verantwortlich seien. Gebt zu, dass Euer Bauch prall gefüllt sein wird, wenn ihr in unserer Nähe bleibt. Doch lasst uns jetzt Eure Musik hören. Heute Abend sind wir erschöpft und wir brauchen etwas Aufheiterung."

„Oh, edle Herren, das ist zu großzügig – viel zu viel Lohn für meine armselige Musik! Nehmt etwas von dem Geld zurück."

„Nein, nein", antworteten die Männer, „wir sind Truppen der kaiserlichen Armee. Unser Schicksal ist von Tag zu Tag ungewiss. Es ist uns eine Freude, zu geben und Eure Musik zu genießen, wenn wir die Möglichkeit dazu haben."

Der blinde Mann begann zu spielen, und er spielte lange, bis spät am Abend. Manchmal waren seine Lieder fröhlich, und dann wieder schwermütig wie der Frühlingswind, der durch die Kirschbäume weht. Immer aber waren sie bezaubernd und alle waren dankbar für die abendliche Unterhaltung. Um elf Uhr war das Konzert zu Ende und die Männer legten sich zur Ruhe. Der blinde Bettler verließ das Gasthaus, und Kato Shichibei, der Wirt, verriegelte die Türen, trotz der draußen postierten Wachen.

Das Gasthaus stand auf einem weitläufigen Grundstück, das teilweise von Bambushecken umgeben war. An einem Ende befand sich ein künstlicher Berg, an dessen Fuß ein See lag, und in der Nähe des Sees ein kleines Sommerhaus, über dem eine riesige, uralte Kiefer thronte, deren Äste bis über das Dach des Gasthauses ragten. Gegen ein Uhr nachts konnte man die Gestalt eines Mannes sehen, der heimlich auf den riesigen Baum stieg, bis er den Ast erreicht hatte, der über dem Gasthaus hing. Er kletterte ganz nach vorne und streckte sich aus, offenbar in der Absicht, das obere Stockwerk des Hauses zu erreichen. Dabei zerbrach ein kleiner Ast aus totem Holz, und das knackende Geräusch ließ einen Wächter aufblicken. „Was geht hier vor?", rief dieser und holte seine Muskete hervor. Als keine Antwort kam, rief er um Hilfe, die kurz darauf eintraf. Das ganze Haus war auf den Beinen. Für den Mann auf dem Baum gab es kein Entkommen. Er wurde gefangen genommen. Stellen Sie sich das Erstaunen der Soldaten vor, als sie erkannten, dass es der blinde Bettler war, der plötzlich doch sehen konnte. Aus dessen Augen blitzte das Feuer der Empörung, denn sein großer Traum vom schnellen Reichtum schien nun zerplatzt zu sein.

„Wer ist das?", riefen die Männer, „und warum hat er gestern Abend vorgegeben, blind zu sein?"

„Er ist ein Spion – ein Spion der Tokugawa!", sagte einer. „Bringt ihn ins Hauptquartier, damit die obersten Offiziere ihn verhören können. Und fesselt seine Hände, denn er sieht aus wie ein Samurai und ein starker Kämpfer."

Und so wurde der Gefangene zum Tempel von Hommonji[8] abgeführt, wo man vorübergehend das Hauptquartier der kaiserlichen Truppen eingerichtet hatte.

Der Gefangene wurde vor Saigo Takamori und vier weitere kaiserliche Offiziere gebracht, von denen einer Katsura Kogoro[9] war. Er wurde gezwungen, sich hinzuknien. Dann sagte Saigo, der Anführer: „Schaut uns an und nennt uns Euren Namen."

Der Gefangene erwiderte: „Man nennt mich Watanabe Tatsuzo. Ich bin einer von denen, die die Ehre haben, zur Leibwache des Tokugawa-Shoguns zu gehören."

„Ihr seid dreist!", sprach Seigo. „Erklärt uns, warum Ihr Euch als Bettler verkleidet habt, um des Nachts in das Gasthaus einzubrechen."

„Ich habe herausgefunden, dass der kaiserliche Botschafter dort schlief. Ihn zu töten, nicht nur einen gewöhnlichen Offizier, das war mein Ziel."

„Ihr seid ein Narr", erwiderte Saigo. „Wäre es nicht besser für Eure Sache, wenn ihr Yanagiwara, Hashimoto oder Katsura töten würdet?"

„Ihr habt keine Ahnung von unserer Sache", war die unverschämte Antwort. „Jeder von uns trägt ein klein wenig bei. Meine Bemühungen sind nur ein Mosaiksteinchen, aber nach und nach werden wir unsere Ziele erreichen."

„Seid Ihr alleine hier oder werdet Ihr von einem Kameraden begleitet?"

„Oh, nein", antwortete der Gefangene, „wir gehen einzeln vor, jeder so, wie er es für richtig hält und wie es der Sache dient. Es war meine Absicht, eine bedeutende Persönlichkeit auszuschalten, da deren Tod unsere Lage stärken könnte. Ich habe nur so gehandelt, wie es mir angemessen erschien."

Daraufhin sagte Saigo: „Eure Loyalität ist ehrenhaft und deshalb gebührt Euch meine Bewunderung. Doch solltet Ihr erkennen, dass die über dreihundert Jahre andauernde Amtszeit der Tokugawa nach dem Sieg der kaiserlichen Truppen bei Fushimi zu Ende gegangen ist. Es besteht kein Zweifel mehr daran, dass die kaiserliche Familie wieder an die Macht kommt. Ihr versucht noch immer, eine Macht zu unterstützen, die am Ende ist. Habt Ihr noch nie das Sprichwort gehört, das besagt, dass ‚eine einzige Stütze einen fallenden Turm nicht halten kann'? Gebt mir nun endlich Einblick in die absurden Gedanken, die Ihr noch immer hegt. Glaubt Ihr wirklich daran, dass die Tokugawa noch eine Chance haben?"

„Wärt Ihr ein anderer als der heldenhafte und bewundernswerte Saigo Takomori, würde ich mich weigern, Eure Fragen zu beantworten", erwiderte der Gefangene. „Da ich aber Eure Loyalität und Euren Mut bewundere, will ich mich Euch offenbaren. Nach unserer Niederlage haben sich etwa zweihundert von uns Samurai zu einer Gemeinschaft zusammenschlossen. Wir schworen, unser Leben für die Sache zu opfern. Ich bedaure sagen zu müssen, dass fast alle weggelaufen sind und dass ich, soweit ich das beurteilen kann, der Einzige bin, der noch übrig ist. Da Sie mich hinrichten werden, wird es keinen..."

„Hört auf!", rief Saigo, „sagt nichts mehr. Lasst mich Euch fragen: Wollt Ihr Euch uns anschließen? Betrachtet die Tokugawa als gescheitert. Zu viele treue, aber fehlgeleitete Samurai sind für sie gestorben. Die kaiserliche Familie muss an die Macht kommen. Neun Zehntel des Landes verlangen dies. Obwohl Ihr Schuld auf Euch genommen habt, ist Eure Loyalität bewundernswert, und wir würden Euch gerne auf unsere Seite nehmen. Überlegt es Euch gut, bevor Ihr antwortet."

Es war kein Nachdenken nötig. Watanabe Tatsuzo antwortete sofort: „Nein, niemals. Auch wenn ich nun allein bin, werde ich meiner Sache nicht untreu. Ihr solltet mich enthaupten, bevor der Tag anbricht. Ich akzeptiere Eure Argumente, die für eine Machtübernahme der kaiserlichen Familie sprechen, aber das kann meine Entscheidung in Bezug auf mein eigenes Schicksal nicht ändern."

Saigo erhob sich und sprach: „Vor uns kniet ein Mann, dessen Willen wir respektieren müssen. Es gibt viele Tokugawa, die sich unserer Sache aus Furcht angeschlossen haben, aber sie behielten den Hass in ihren Herzen.

Schaut euch alle diesen Watanabe an und vergesst ihn nicht, denn er ist ein edler Mann und treu bis in den Tod." Mit diesen Worten verbeugte sich Saigo vor Watanabe. Dann sprach er zu der Wache: „Bringt den Gefangenen zum Sambon matsu[10], und enthauptet ihn, sobald der Tag anbricht."

Watanabe Tatsuzo wurde aus dem Raum geführt und entsprechend der Anweisung hingerichtet.

Auf dem Weg, der nach Mariko[11] führt, rechts von der Nitta-Fähre, etwa fünf oder sechs Kilometer von dem Hügel entfernt, auf dem sich der Ikegami Hommonji-Tempel in Ebaragun[12] befindet, gibt es einen Stein, der die Aufschrift „Grab von Futetsu-shi" trägt. An dieser Stelle soll Watanabe Tatsuzo begraben liegen.

---

[1] Siehe Anmerkung 8 in „Die Lotosgeister".

[2] Saigō Takamori 西郷隆盛 gilt als einer der „Drei Helden der Meiji-Restauration", Ishin no Sanketsu 維新の三傑, und somit als einer der Gründer des modernen japanischen Staates, obwohl er sich zunächst gegen die Öffnung zum Westen ausgesprochen hatte. Im Jahre 1873 trat er von allen Regierungsämtern zurück und kehrte in seine Heimatstadt Kagoshima 鹿児島市 zurück. Von Februar bis September 1877 revoltierten Samurai unter der Führung von Saigō Takamori in der Satsuma-Rebellion 西南戦争 gegen die kaiserliche Regierung. Der Anführer der Rebellen fiel in der letzten Schlacht bei Shiroyama 城山の戦い.

[3] Kaiser Meiji 明治天皇 lebte von 1852 bis 1912. Während seiner Amtszeit kam es in Japan zu grundlegenden politischen und gesellschaftlichen Reformen. Dadurch wandelte sich das Land von einem nach außen weitgehend abgeschlossenen Feudalstaat in einen modernen Staat nach westlichen Vorbildern. Die Wiedererlangung der Macht durch den Kaiser und die Entmachtung der Shōgune wird als Meiji-Restauration 明治維新 bezeichnet.

[4] In der Schlacht von Toba-Fushimi 鳥羽・伏見の戦い, die vom 27. bis 31. Januar 1868 im Süden Kyōtos stattfand, trafen 15.000 Soldaten der Shōgunatsarmee auf 5.000 Widersacher unter Führung von Saigō Takamori. Diese waren aus den Lehensgebieten von Satsuma 薩摩藩, Chōshū 長州藩 und Tosa 土佐藩 rekrutiert worden. Trotz der zahlenmäßigen Unterlegenheit siegten Saigō Takamoris Truppen aufgrund der überlegenen Führung und der besseren Bewaffnung. Die Schlacht bei Toba-Fushimi leitete den Boshin Krieg 戊辰戦争 ein, der am 3. Mai 1868 zur Übergabe von Edo an die kaiserliche Regierung und zum endgültigen Rücktritt des Shōguns führte.

[5] Keiki war ein anderer Name des letzten Shōguns Tokugawa Yoshinobu 徳川慶喜, der im Jahre 1866 die Macht kam. Unter dem Druck der Reformer, die eine Wiedereinsetzung der Macht des Kaisers bewirken wollten, hatte er bereits im November 1867 abgedankt, behielt jedoch zunächst noch seinen Landbesitz und erhebliche Machbefugnisse. Erst nach der Niederlage im Boshin-Krieg zog er sich aus der Politik zurück. 1902 wurde ihm vom Kaiser Meiji der Adelstitel eines Fürsten, Kōshaku 公爵, verliehen.

[6] Während der Edo-Zeit (1603–1868) war Hiratsuka eine Poststation an der Tōkaidō 東海道, der wichtigen Post- und Handelsstraße, die den Regierungssitz des Shōguns in Edo mit der Kaiserstadt Kyōto verband. Im Boshin-Krieg war Hiratsuka nur eine Zwischenstation für Saigō Takamori, der die kaiserlichen Truppen ohne auf nennenswerten Widerstand zu treffen, rasch nach Edo führte, das er Anfang April 1868 erreichte. Heute ist Hiratsuka 平塚市 eine Großstadt im Süden der Präfektur Kanagawa 神奈川県, 60 km südwestlich von Tōkyō.

[7] Die Shakuhachi 尺八 ist eine aus Bambus gefertigte Langflöte mit fünf Grifflöchern. Das Instrument kam im 8. Jahrhundert aus China nach Japan und wurde anfangs nur von Hofadeligen und hochrangigen buddhistischen Priestern gespielt. Später wurde die Shakuhachi auch von wandernden Bettelmönchen verwendet. Kennzeichnend wurde sie für die Fuke-shū 普化宗, eine Zen-buddhistische Schule, die während der Edo-Zeit zum Auffangbecken für herrenlose Samurai, Rōnin 浪人, wurde. Im Jahre 1871 wurde die Fuke-shū und das Spielen der Shakuhachi zu religiösen Zwecken von der Meiji-Regierung verboten, da die Mitglieder der Fuke-shū zuvor von den Tokugawa als Spione eingesetzt worden waren.

[8] Der auf einem Hügel im Bezirk Ōta 大田区 im Süden Tōkyōs gelegene Tempel Ikegami Honmon-ji 池上本門寺 ist dem buddhistischen Reformator Nichiren 日蓮 geweiht. Er wurde im 13. Jahrhundert von dessen Schüler Nichirō 日朗 gegründet.

[9] Auch Kido Takayoshi 木戸孝允, der zeitweise Katsura Kogorō 桂小五郎 genannt wurde, gilt als einer der „Drei Helden der Meiji-Restauration“. Er stammte aus dem Lehen Chōshū 長州藩 und hatte im Jahre 1866 zusammen mit Saigō Takamori die militärische Allianz Satchō Dōmei 薩長同盟 gegründet, um die Wiederherstellung der kaiserlichen Herrschaft und den Sturz des Tokugawa-Shōgunats zu erreichen.

[10] Hinrichtungsstätte mit dem Namen „Drei Kiefern“, Sanbonmatsu 三本松.

[11] Mariko-juku 鞠子宿/丸子宿 war die zwanzigste Station des Tōkaidō. Sie lag im heutigen Bezirk Suruga 駿河区 in der Präfektur Shizuoka 静岡県.

[12] Ebara-gun 荏原郡 war der Name eines Landkreises in der historischen Provinz Musashi 武蔵国. Das Gebiet des heutigen Bezirks Ōta bildete einen Teil des Ebara-gun.

Menschliche Leuchtkäfer

In Funakami Mura in der Provinz Omi[1] lebte ein alter Bauer namens Kanshiro. Er war ein guter Mensch, dessen Handeln stets von Ehrlichkeit, Frömmigkeit und Nächstenliebe geprägt war – mehr noch, als man dies von Priestern kannte. Jedes Jahr pilgerte Kanshiro durch das Land, um an den verschiedensten heiligen Orten seine Gebete zu sprechen und seine Pflicht gegenüber den Gottheiten zu erfüllen. Selbst sein hohes Alter und seine Gebrechen konnten ihn nicht davon abhalten. Doch oftmals verließen ihn die Kräfte und während des heißen Wetters litt er häufig an Durchfall. Deshalb begab er sich meist in der kühlen Jahreszeit auf seine Pilgerreisen.

Im achten Jahr von Kwansei[2] fürchtete Kanshiro, dass es mit ihm zu Ende ginge. Er glaubte nicht mehr daran, das nächste Jahr noch erleben zu dürfen. Und so beschloss er, trotz aller Risiken, im heißesten Monat August auf Pilgerreise zu gehen. Unbedingt wollte er noch einmal die Schreine von Ise[3] sehen. Die Leute im Dorf sammelten die stattliche Summe von einhundert Yen, um es dem ehrwürdigen Mann zu ermöglichen, an den bedeutenden Schreinen ein anständiges Opfer darzubringen.

Und so begab sich Kanshiro eines Tages alleine auf die Reise, das Geld in einem Beutel um den Hals hängend. Zwei Tage lang wanderte er von Sonnenaufgang bis Sonnenuntergang. Als er am dritten Tag bei großer Hitze das Dorf Myojo[4] erreichte, fühlte er sich unendlich schwach, denn erneut plagte ihn ein Anfall seines alten Leidens.

Kanshiro wusste, dass er seine Reise nicht würde fortsetzen können, solange seine Krankheit anhielt, zumal er in einem unreinen Zustand war und sich deshalb nicht befähigt fühlte, das heilige Opfergeld zu tragen, das ihm von seinen Freunden in Funakami anvertraut worden war. So ging er in das billigste Gasthaus, das er finden konnte und vertraute dem Wirt nicht nur seine Geschichte an, sondern auch die hundert Yen aus seinem Geldbeutel.

„Mein Herr, ich bin ein alter Mann, von Durchfall geplagt. Wenn Ihr Euch ein oder zwei Tage um mich kümmern könntet, würde es mir besser gehen. Bewahrt bitte auch dieses Opfergeld auf, bis ich gesund bin, denn ich möchte es nicht verunreinigen[5], indem ich es bei mir trage, während ich krank bin."

Jimpachi, der Gastwirt, verbeugte sich höflich und versicherte Kanshiro, dessen Wünsche zu befolgen.

„Habt keine Angst", sagte er, „ich werde das Geld in dem Beutel an einem sicheren Ort aufbewahren und mich selbst um dich kümmern, bis du gesund bist, denn so gute Männer wie dich findet man selten."

Fünf Tage lang litt der arme alte Mann unter der Krankheit. Doch mit seinem unerschütterlichen Willen erholte er sich, und am sechsten Tag war er bereit, wieder aufzubrechen.

Es war ein schöner Sommertag. Kanshiro bezahlte seine Rechnung, dankte dem Wirt für seine Freundlichkeit und erhielt an der Tür den Beutel mit dem Opfergeld zurück. Er prüfte den Inhalt des Beutels nicht, denn es waren zu dieser Zeit viele Lastträger und Pilger unterwegs. Er wollte vermeiden, dass die Fremden sahen, wieviel Geld er bei sich trug. Statt sich den Beutel um den Hals zu hängen, wie er es zuvor getan hatte, steckte er ihn in seinen Rucksack zu der Kleidung und dem Essen. Dann machte er sich auf den Weg.

Gegen Mittag legte Kanshiro eine Rast ein und setze sich unter eine schattenspendende Kiefer, um von dem mitgebrachten Reis zu essen. Bei einem Blick in seine Tasche stellte er fest, dass die hundert Yen verschwunden waren. Jemand hatte stattdessen Steine mit dem gleichen Gewicht hineingelegt. Der arme Mann war bestürzt. Er aß nicht mal seinen Reis zu Ende, sondern machte sich unverzüglich auf den Weg zurück zum Gasthaus, das er in der Abenddämmerung erreichte. Dort erklärte dem Gastwirt Jimpachi den Sachverhalt.

Zuerst hörte sich dieser die Geschichte gelassen an, aber als Kanshiro ihn aufforderte, das Geld zurückzugeben, geriet er in Wut.

„Du alter Lump!", rief er. „Eine nette Geschichte hast du dir ausgedacht, um mich zu erpressen! Ich werde dir eine Lektion erteilen, die du nicht vergessen wirst." Nach diesen Worten versetzte er dem alten Mann einen schweren Schlag auf die Brust und prügelte mit einem Stock unbarmherzig auf ihn ein. Die Lastträger schlossen sich dem Wirt an und schlugen Kanshiro halb tot.

Armer alter Mann! Wie sollte es nur weitergehen? Schwer verletzt entkam er der aufgebrachten Meute und setzte schon bald seine Reise fort. Drei Tage später erreichte er die Ise-Schreine, und nachdem er seine Gebete gesprochen hatte, kehrte er zurück nach Funakami, das er in schlechter körperlicher Verfassung erreichte. Als er den Dorfbewohnern von seinen Erlebnissen berichtete, glaubten ihm einige, andere aber nicht. Von tiefem Kummer erfüllt, verkaufte er seinen kleinen Besitz, um das ihm anvertraute Geld zurückzuzahlen. Mit einem kleinen verbliebenen Rest setzte er seine Pilgerreisen zu verschiedenen Tempeln und Schreinen fort. Selbst als alle Geldreserven aufgebraucht waren, pilgerte er weiter und bettelte auf dem Weg um Nahrung und Unterkunft.

Auf seinem Weg nach Ise erreichte Kanshiro erneut das Dorf Myojo, wo er erfuhr, dass sein Widersacher es in der Zwischenzeit zu Wohlstand gebracht hatte und ein stattliches Haus bewohnte. Der alte Mann suchte ihn auf und stellte ihn zur Rede: „Vor drei Jahren habt Ihr mich bestohlen. Ich habe meinen Besitz verkauft, um den Leuten das Opfergeld zurückzugeben, das sie mir anvertraut hatten, um es nach Ise zu bringen. Seitdem bin ich als Bettler und obdachloser Wanderer unterwegs. Glaubt nicht, dass Eure Tat ungesühnt bleiben wird. Ich werde gerächt werden. Ihr seid jung, ich bin alt. Die gerechte Strafe wird Euch bald ereilen."

Jimpachi beteuerte noch immer seine Unschuld. Die Wut kochte in ihm hoch als er erwiderte: „Du schändlicher alter Schurke, wenn du eine Mahlzeit Reis willst, sag es. Aber wage es nicht, mir zu drohen."

In diesem Augenblick kam ein Dorfwächter auf seiner Runde vorbei. Er hielt Kanshiro für einen Landstreicher, packte ihn am Arm und schleppte ihn zum Dorfausgang. Dort befahl er ihm unter Androhung einer Haftstrafe, den Ort nie wieder zu betreten. Der arme alte Mann brach zusammen und starb vor Wut und Schwäche.

Der Priester des benachbarten Tempels wurde gerufen. Er kümmerte sich um den Leichnam, begrub ihn mit Respekt und sprach Gebete für den Toten.

Kurz darauf erkrankte der Wirt Jimpachi, geplagt von seinem schlechten Gewissen. Nach ein paar Tagen konnte er sein Schlaflager nicht mehr verlassen. Dann geschah etwas Seltsames. Tausende und Abertausende von Leuchtkäfern kamen aus Kanshiros Grab und flogen in das Schlafgemach von Jimpachi. Der Wirt hatte ein Netz zum Schutz vor Moskitos aufgespannt, doch die Leuchtkäfer versuchten, sich einen Weg hinein zu bahnen. Ein fauliger Geruch kam auf. Das Leuchten der Tiere blendete die Augen des kranken Mannes. Er konnte keine Ruhe mehr finden.

Die Dorfbewohner kamen ihrem Nachbarn zur Hilfe. Sie schlugen auf die Insekten ein und zerquetschten sie an der Wand. Vergeblich, denn die Kette der Leuchtkäfer, die von Kanshiros Grab ausging, riss nicht ab. Zielstrebig flogen sie in Jinpachis Zimmer und umkreisten seine Schlafstätte.

Dann sagte einer der Nachbarn: „Es muss wahr sein, dass Jimpachi das Geld des alten Mannes gestohlen hat. Dies ist die Rache seiner Seele."

Fortan traute sich keiner mehr, die Käfer zu töten. Es wurden immer mehr und schließlich gelang es ihnen, das schützende Netz zu durchdringen. Sie ließen sich auf Jimpachi nieder, drangen in seinen Mund, seine Nase und seine Augen ein, der laut aufschrie. Er lebte er noch zwanzig Tage unter schlimmsten Qualen. Erst nach seinem Tod verschwanden die Glühwürmchen und wurden nie wieder gesehen.

---

[1] Das Gebiet der historischen Provinz Ōmi 近江国 erstreckte sich entlang des Biwa-Sees 琵琶湖 auf der japanischen Hauptinsel Honshū 本州. Es bildet heute die Präfektur Shiga 滋賀県.

[2] Die Kansei-Ära 寛政年号, in der Kaiser Kōkaku 光格天皇 das Land regierte, umfasste die Zeit von Januar 1789 bis Februar 1801.

[3] Der Ise-jingū 伊勢神宮 in der Präfektur Mie 三重県 gilt als heiligste Stätte des Shintōismus. Der gesamte Gebäudekomplex besteht aus zwei Hauptschreinen und 123 Nebenschreinen. Der „Innere Schrein", Kōtai jingū 皇大神宮, in dem sich der heilige Spiegel, Yata no kagami 八咫の鏡, befinden soll, ist der Sonnengöttin Amaterasu 天照 geweiht. Laut Nihon shoki 日本書紀, der im Jahre 720 fertiggestellten „Chronik Japans", datiert der Baubeginn der Schreinanlage ins 1. Jahrhundert vor unserer Zeitrechnung. Heute wird der Ise-jingū jährlich von bis zu 6 Millionen Menschen besucht.

[4] Der Ort Myōjō 明星 grenzt heute an das Stadtgebiet von Ise 伊勢市 und liegt 13 km nordwestlich des Ise-jingū.

[5] Die Reinheit als erstrebenswerter Zustand gehört zu den wichtigsten Aspekten der shintōistischen Ethik. Deshalb gilt es, Beschmutzungen, Kegare 穢れ, sowohl körperlicher als auch geistiger Natur unbedingt zu vermeiden. Im Engishiki 延喜式, einem klassischen Text des Shintō, wird die Defäkation als eine der fünf „himmlischen Sünden" beschrieben.

Eine Geschichte von den Oki-Inseln

Die Oki-Inseln[1], etwa fünfundvierzig Meilen vom Festland der Provinz Hoki[2] entfernt gelegen, waren jahrhundertelang Schauplatz von Auseinandersetzungen, Leid und Verbannung. Heute aber sind die Einwohner recht wohlhabend und höchst friedlich. Fische und Meeresfrüchte sind die wichtigsten Handelsprodukte der Inselgruppe. Es sind seltsame, wilde und felsige Eilande. Sie sind schwer zugänglich, und nur wenige Europäer haben sie besucht. Ich kenne nur zwei, den verstorbenen Lafcadio Hearn[3] und Mr. Anderson[4], der auf den Inseln war, um Tiere für den Herzog von Bedford[5] zu sammeln. Ich selbst schickte Oto dorthin, meinen japanischen Jäger, der heilfroh war, unversehrt zurückzukehren.

Im Mittelalter, also etwa ab dem Jahr 1000 n. Chr., entbrannten Kämpfe um die Inseln und viele Menschen wurden dorthin in die Verbannung geschickt. Auch als Hojo Yoshitoshi[6] den Kaiser Go Toba[7] im Jahre 1239 besiegte, verbannte er ihn auf die Insel Dogen[8]. Ein weiterer Anführer aus der Hojo-Familie verbannte einen anderen Kaiser, Go Daigo[9], nach Nishi-no-shima[10]. Oribe Shima, der Held unserer Geschichte, wurde wahrscheinlich auch von diesem Mann verbannt, dessen Name Hojo Takatoki[11] gewesen sein soll. Die Geschichte soll sich um 1320 n. Chr. ereignet haben.

Zu der Zeit, als Hojo Takatoki das Land mit absoluter Macht regierte, lebte in seinem Umfeld ein Samurai, der sich Oribe Shima nannte. Durch ein Missgeschick hatte Oribe den Herrscher beleidigt und wurde daraufhin auf eine der Oki-Inseln verbannt, die damals als Kami-shima[12], „Heilige Insel", bekannt war. So berichtete es mir der Erzähler der Geschichte, aber ich bezweifle die geographische Angabe und vermute, dass es sich um die Insel Nishi-no-shima, „Westinsel", handelte.

Oribe hatte eine wunderschöne achtzehnjährige Tochter, die er ebenso liebte wie sie ihn, und so machte die Trennung durch seine Verbannung beide unglücklich. Ihr Name war Tokoyo.

Tokoyo, die in ihrem Zuhause in der Shima-Provinz[13] zurückgelassen wurde, weinte von morgens bis abends und manchmal auch in der Nacht. Als sie die Trennung nicht mehr ertragen konnte, machte sie sich auf den Weg zu ihrem Vater – ein gefährliches Unterfangen, bei dem sie ihr Leben riskierte. Sie war mutig, wie die meisten Mädchen der Provinz Shima, wo die Frauen schon früh lernen, mit den Gefahren der rauen See umzugehen. Als Kind hatte sie es geliebt, mit den Frauen zu tauchen, deren tägliche Pflicht es ist, Awabi[14] und Perlmuscheln zu sammeln. Aufgrund ihres höheren Standes hatte Tokoyo einen schwächeren Körper als die einfachen Mädchen, die körperliche Arbeit gewöhnt waren. Trotzdem ging sie das Risiko des Tauchens ein. Sie kannte keine Angst.

Nachdem sie beschlossen hatte, sich ihrem Vater in der Verbannung anzuschließen, verkaufte Tokoyo was sie nicht mehr benötigte und begab sich auf ihre lange Reise in die weit entfernte Provinz Hoki. Nach vier Wochen erreichte sie den an der Küste gelegenen Ort Akasaki[15], von wo aus man an klaren Tagen die Oki-Inseln aus dem Meer aufragen sehen kann. Sogleich versuchte sie, die Fischer zu überreden, sie zu den Inseln zu bringen. Doch sie hatte fast ihr ganzes Geld auf der Reise verbraucht. Außerdem war es in jenen Tagen niemandem erlaubt, auf den Oki-Inseln an Land zu gehen, geschweige denn, diejenigen zu besuchen, die dorthin verbannt worden waren. Die Fischer lachten Tokoyo aus und sagten ihr, sie solle besser nach Hause zurückkehren. Das tapfere Mädchen ließ sich nicht beirren. Sie kaufte einen Vorrat an Proviant, den sie sich gerade noch leisten konnte, und ging in der Nacht zum Strand hinunter. Dort wählte sie das leichteste Boot, das sie finden konnte, schob es mühsam ins Wasser und ruderte aufs Meer hinaus, so schnell, wie es ihre kleinen Arme zuließen. Das Glück schickte eine starke Brise und auch die Strömung war günstig. Am nächsten Abend fand sie, völlig erschöpft, ihre Bemühungen von Erfolg gekrönt. Das kleine Boot erreichte das Ufer einer felsigen Bucht.

Tokoyo suchte sich ein geschütztes Plätzchen und legte sich zum Schlafen nieder. Am nächsten Morgen erwachte sie erfrischt, aß den Rest ihres Proviants und machte sich auf den Weg, um Erkundigungen über den Verbleib ihres Vaters einzuholen. Der erste Inselbewohner, die sie traf, war ein Fischer. „Nein", sagte dieser, „ich habe noch nie etwas von deinem Vater gehört, und wenn du meinen Rat annimmst, frag nicht nach ihm, wenn er verbannt worden ist, denn das könnte dich in Schwierigkeiten bringen und ihm den Tod!"

In den nächsten Wochen wanderte die arme Tokoyo von einem Ort zum anderen, lebte von Almosen, fand aber kein Lebenszeichen ihres Vaters.

Eines Abends kam sie zu einem Felsvorsprung, auf dem ein kleiner Tempel stand. Nachdem sie sich vor Buddha verneigt und ihn angefleht hatte, sie bei der Suche nach ihrem Vater zu unterstützen, legte sich Tokoyo nieder. Sie beabsichtigte, die Nacht am Tempel zu verbringen, denn es war ein friedlicher und heiliger Ort, gut geschützt vor den Winden, die selbst im Sommer kraftvoll um die Oki-Inseln wehen.

Tokoyo hatte etwa eine Stunde geschlafen, als sie trotz der Wellen, die laut gegen die Felsen schlugen, seltsame Geräusche hörte: das Klatschen von Händen und das Schluchzen eines Mädchens. Als sie im hellen Mondlicht aufblickte, sah sie eine schöne Gestalt von fünfzehn Jahren, die bitterlich weinte. Neben ihr stand ein Mann, der ein Tempelwächter oder Priester zu sein schien. Er klatschte in die Hände und murmelte „Namu Amida Butsu"[16]. Beide waren in Weiß gekleidet. Als das Gebet zu Ende war, führte der Priester das Mädchen zum Rand des Felsvorsprungs und wollte es gerade ins Meer stoßen, als Tokoyo zur Hilfe kam. Sie stürzte auf die beiden zu und konnte das Mädchen gerade noch rechtzeitig am Arm packen, um es vor dem Sturz in die Fluten zu bewahren. Der alte Priester war überrascht aber keineswegs verärgert, als er zu Tokoyo sprach:

„Euer Eingreifen zeigt, dass Ihr hier fremd seid. Sonst wüsstet Ihr, dass auch mir die Angelegenheit, bei der Ihr uns beobachtet habt, unangenehm ist. Leider sind wir auf dieser kleinen Insel mit dem Fluch eines zornigen Gottes gestraft, den wir Yofune-Nushi nennen. Er lebt auf dem Meeresgrund und verlangt einmal im Jahr ein Mädchen im Alter von fünfzehn Jahren. Diese Opfergabe muss am 13. Juni, dem Tag des Hundes, zwischen acht und neun Uhr abends dargebracht werden. Wenn unsere Dorfbewohner diesen Opferdienst verweigern, wird Yofune-Nushi zornig und verursacht schwere Stürme, die Leid und Tod über unsere Fischer und ihre Familien bringen. Durch das jährliche Opfer eines jungen Mädchens können wir uns davor schützen. In den letzten sieben Jahren war es meine traurige Pflicht, die Zeremonie durchzuführen, die Ihr gerade unterbrochen habt."

Nachdem Tokoyo die Erklärung des Priesters vernommen hatte, erwiderte sie:

„Ehrenwerter Priester, wenn die Dinge so sind, wie Ihr sagt, zeigt dies, dass Kummer und Leid allgegenwärtig sind. Lasst dieses junge Mädchen gehen und sagt ihr, dass sie mit dem Weinen aufhören möge, denn ich bin trauriger als sie. Ich werde bereitwillig ihren Platz einnehmen und mich Yofune-Nushi anbieten. Ich bin die zutiefst betrübte Tochter von Oribe Shima, einem Samurai von hohem Rang, der auf diese Insel verbannt wurde. Ich bin hierhergekommen, um meinen geliebten Vater zu suchen. Doch er wird so streng bewacht, dass ich nicht zu ihm gelangen kann. Ich kann nicht einmal herausfinden, wo genau er sich aufhält. Mein Herz ist gebrochen und ich habe nichts mehr, wofür es sich zu leben lohnt. Gerne bin ich bereit, dieses Mädchen zu retten. Nehmt diesen Brief, der an meinen Vater gerichtet ist. Ihm dieses Schreiben zu überbringen ist alles, worum ich Euch bitte."

Sogleich nahm Tokoyo dem jüngeren Mädchen das weiße Gewand ab und legte es sich selbst an. Dann kniete sie vor der Buddha-Statue nieder und betete um Kraft und Mut, da sie mit dem zornigen Gott Yofune-Nushi kämpfen und ihn besiegen wollte. Dann zog sie einen kleinen mit Ornamenten verzierten Dolch, der einem ihrer Vorfahren gehört hatte, steckte ihn zwischen ihre perlweißen Zähne und tauchte in das tosende Meer. Als sie in den Wellen verschwand, schauten ihr der Priester und das gerettete Mädchen mit Bewunderung und Dankbarkeit nach.

Wie anfangs erwähnt, war Tokoyo in ihrer Heimat Shima bei den Tauchern aufgewachsen. Sie war eine perfekte Schwimmerin und hatte zudem, wie bei Mädchen ihres Standes üblich, eine Ausbildung in Jujitsu und Schwertfechten erhalten.

Tokoyo tauchte hinab durch das klare Wasser, das von hellem Mondlicht erhellt wurde. Sie schwamm vorbei an Schwärmen von silbrigen Fischen, bis sie den Grund erreichte. Dort entdeckte sie eine Unterwasserhöhle, die von phosphoreszierenden Lichtern erleuchtet war. Das Leuchten ging von Awabi-Muscheln aus und von den darin liegenden Perlen, die in allen Farben funkelten. Als Tokoyo genauer hinsah, glaubte sie einen Mann zu erkennen, der in der Mitte der Höhle saß. Sie fürchtete sich nicht und war bereit, zu kämpfen und zu sterben. Den Dolch zum Stoß bereithaltend ging sie auf den Mann zu. Tokoyo hielt ihn für Yofune-Nushi, den zornigen Gott, von dem der Priester gesprochen hatte. Der Mann gab jedoch kein Lebenszeichen von sich und Tokoyo erkannte, dass es kein Gott war, sondern nur eine hölzerne Statue von Hojo Takatoki, dem Mann, der ihren Vater verbannt hatte. Zuerst war sie wütend und geneigt, sich an der Statue zu rächen – aber was würde das nützen? Besser Gutes tun als Böses. Sie würde die Statue verschonen.

Vielleicht war sie von jemandem geschnitzt worden, der wie ihr Vater unter den Händen von Hojo Takatoki gelitten hatte. War es möglich, sie nach oben zu schaffen? Ja, das sollte gehen. Tokoyo löste einen ihrer Gürtel, wickelte ihn um die Statue und zog sie aus der Höhle. Die Figur war zwar groß und schwer, aber im Wasser sind die Dinge leichter als and der Luft, und so sollte es problemlos möglich sein, das hölzerne Abbild Hojo Takatokis an die Oberfläche zu bringen. Doch dann, gerade als sich Tokoyo die Statue auf den Rücken binden wollte, geschah das Unerwartete.

Das tapfere Mädchen erblickte die glühenden Augen eines schrecklichen Wesens, das langsam aus den Tiefen der Höhle hervorkam. Der phosphoreszierende Körper hatte die Form einer Schlange, stand aber auf Beinen und hatte kleine Schuppen auf dem Rücken und an den Seiten. Das Ding war sieben- oder achtundzwanzig Shaku[17], also etwa sechsundzwanzig Fuß lang.

Tokoyo ergriff ihren Dolch, entschlossener als zuvor, da sie nun sicher war, Yofune-Nushi vor sich zu haben, den zornigen Gott, der jedes Jahr nach einem jungen Mädchen verlangte. Offensichtlich hielt das Ungeheuer sie für das Opfer, das ihm zustand. Doch sie würde ihm zeigen, wer sie wirklich war, und ihn töten. Nie wieder sollten die Inselbewohner sich gezwungen fühlen, eines ihrer wenigen jungen Mädchen zu opfern.

Langsam aber zielstrebig kam die Kreatur näher. Tokoyo war vorbereitet. Als Yofune-Nushi nur noch sechs Fuß entfernt war, sprang das mutige Mädchen zur Seite und stach ihm das rechte Auge aus. Erzürnt wandte sich der böse Gott um und versuchte, in die Höhle zu entkommen. Tokoyo wollte ihr Werk zu Ende bringen. Das Ungeheuer kam nur langsam voran, in seiner Sicht behindert durch den Verlust des rechten Auges und durch das Blut, das in sein linkes Auge floss. So konnte die tapfere und flinke Tokoyo an seine linke Seite gelangen, wo sie ihm einen Stich ins Herz versetzte. Dennoch schleppte sich die verletzte Kreatur weiter in Richtung des Höhleninneren. Dort sah sich Tokoyo aufgrund der Dunkelheit im Nachteil. Und so attackierte sie das Ungeheuer erneut und trennte ihm mit einem scharfen Schnitt den Kopf vom Rumpf. Yofune-Nushi starb unter heftigem Zucken des Körpers nicht weit vom Höhleneingang entfernt.

Tokoyo verspürte eine tiefe Erleichterung. Sie wusste, dass sie die Bewohner der Insel, auf der ihr Vater in Verbannung lebte, von der schrecklichen Pflicht der Menschenopfer befreit hatte. Sogleich begann sie damit, die sterblichen

Überreste ihres Gegners und die hölzerne Statue an die Oberfläche zu bringen, was ihr nach mehreren Versuchen gelang, nachdem sie fast eine halbe Stunde unter Wasser gewesen war.

In der Zwischenzeit hatten der Priester und das kleine Mädchen immer wieder in das Wasser geschaut, in das Tokoyo abgetaucht war, und ihre Tapferkeit bewundert. Der Priester betete für ihre Seele und das Mädchen dankte den Göttern. Stellen Sie sich die Überraschung der beiden vor, als sie plötzlich sahen, wie ein sich windender Körper mühsam die Oberfläche erreichte! Sie konnten die Gestalt zunächst nicht erkennen, bis endlich das kleine Mädchen rief: „Ehrenwerter Priester, es ist die junge Frau, die meinen Platz eingenommen hat und ins Meer getaucht ist! Ich erkenne meine weißen Kleider. Aber sie scheint den leblosen Körper eines Mannes und einen riesigen Fisch bei sich zu haben."

Auch der Priester hatte inzwischen erkannt, dass es sich um Tokoyo handelte. Er hastete die Felsen hinunter und zog den Körper des tapferen Mädchens, das der Ohnmacht nahe war, an Land. Er warf seinen Gürtel um das leblose Ungeheuer und stellte die geschnitzte Staue von Hojo Takatoki auf einen Felsen außerhalb der Reichweite der Wellen.

Bald darauf kam Hilfe, und alle wurden an einen sicheren Ort im Dorf gebracht. Tokoyo war die Heldin der Stunde. Der Priester berichtete die Ereignisse an Tameyoshi, den Fürsten, der damals die Insel regierte. Dieser informierte Hojo Takatoki, den Herrscher über die Hoki-Provinz, zu der auch die Oki-Inseln gehörten.

Takatoki litt an einer seltsamen Krankheit, die den Medizinern der damaligen Zeit völlig unbekannt war. Der Fund der hölzernen Statue, die ihn selbst darstellte, ließ ihn glauben, dass er unter dem Fluch eines Menschen litt, dem seinetwegen Unrecht zugefügt worden war – jemand, der die Figur geschnitzt, sie verflucht und im Meer versenkt hatte. Nun, da sie an die Oberfläche gebracht worden war, fühlte Takatoki die Kraft des Fluches schwinden. Sein Gesundheitszustand hatte sich bereits gebessert. Als er hörte, dass die tapfere Heldin, die ihn von dem Fluch befreit hatte, die Tochter seines alten Feindes Oribe Shima war, den er gefangen hielt, ordnete er dessen sofortige Freilassung an, und der Jubel war groß.

Das mit einem Fluch belegte Bildnis von Hojo Takatoki hatte den zornigen Gott Yofune-Nushi heraufbeschworen, der nun besiegt war. Die Inselbewohner waren von der Pflicht befreit, jedes Jahr ein Mädchen zu opfern und mussten die verheerende Wirkung der Stürme nicht länger fürchten. Oribe Shima und seine tapfere Tochter Tokoyo kehrten in ihre Heimat in der Shima-Provinz zurück, wo die Menschen sie freudig begrüßten. Der Samurai und seine Tochter waren sehr beliebt und viele Menschen erklärten sich bereit, in ihren Dienst zu treten.

Auf der Insel Kami-shima herrschte von nun an Frieden. Der Leichnam des zornigen Gottes Yofune-Nushi wurde bei dem Tempel am Kap begraben, an dem unsere Geschichte begonnen hatte. Zum Gedenken an die geschilderten Ereignisse wurde ein kleiner Schrein errichtet, den man „das Grab der Seeschlange" nannte.

Die hölzerne Statue von Hojo Takatoki fand, nachdem sie mehrfach den Standort gewechselt hatte, ihre Ruhestätte im Honsōji-Tempel in Kamakura.

---

[1] Das etwa 60 km westlich der Küste der japanischen Hauptinsel Honshū 本州 gelegene Oki-Archipel 隠岐諸島 besteht aus zwei Inselgruppen, Dōgo 島後 und Dōzen 島前, die durch den Dōgo-Kanal 島後水道 voneinander getrennt sind. Das Archipel besteht aus sechzehn Inseln, von denen vier bewohnt sind. Hinzu kommen etwa 180 kleine Eilande. Die Gesamtfläche beträgt circa 350 km^2.

[2] Das Gebiet der historischen Provinz Hōki 伯耆国 umfasste den westlichen Teil der heutigen Präfektur Tottori 鳥取県.

[3] Lafcadio Hearn (1850–1904) war ein Schriftsteller irisch-griechischer Abstammung. Er kam 1890 nach Japan, heiratete eine Japanerin und nahm die japanische Staatsbürgerschaft sowie den japanischen Namen Koizumi Yakumo an. Parallel zu seiner Tätigkeit als Lehrer an Schulen in Matsue und Kumamoto, später an der Universität von Tokyo, verfasste er mehr als ein Dutzend Bücher über Japan. In seinen Schriften gelang es Hearn, die japanische Lebens- und Denkweise für die westliche Welt verständlich zu interpretieren. Dabei galt sein Interesse stets dem Sonderbaren, Übernatürlichen und Befremdlichen. Hearns Sammlung unheimlicher Geschichten hat vermutlich Richard Gordon Smith bei dessen Zusammenstellung japanischer Legenden und Volkssagen und der Veröffentlichung unter dem Titel „Ancient Tales and Folklore of Japan" inspiriert.

[4] Malcolm Playfair Anderson (1879–1919) war ein amerikanischer Zoologe und Forschungsreisender, der in den Jahren 1904 bis 1907 die Länder Japan, Korea und China bereiste. Er war im Auftrag des Duke of Bedford unterwegs, um die dortige Tierwelt für die Zoological Society of London zu dokumentieren und Exponate für das British Museum zu sammeln.

[5] Herbrand Arthur Russell (1858–1940), der elfte Duke of Bedford, war von 1899 bis 1936 Präsident der Zoological Society of London. Sein Sohn Hastings William Sackville Russell (1888–1953), der zwölfte Duke of Bedford, beauftragte die Forschungsreise, die Malcolm Playfair Anderson ab 1904 nach Ostasien führte.

[6] Die Hōjō 北条氏 waren als Teil des Taira-Clans 平 in den Jahren 1199 bis 1336 eine der mächtigsten japanischen Adelsfamilien. Der Auseinandersetzung zwischen dem Kaiser Go-Toba und dem Hōjō-Clan fand im Jōkyū-Krieg 承久の乱 im Jahre 1221 und nicht, wie von Richard Gordon Smith beschrieben, im Jahre 1239 statt. Zur Zeit des Krieges führte Hōjō Yoshitoki 北条義時 den Clan an.

[7] Go-Toba 後鳥羽天皇, der 82. Kaiser von Japan, wurde nach der Niederlage im Jōkyū-Krieg von Hōjō Yoshitoki auf die Oki-Inseln verbannt. Nach seinem Tod im Jahre 1239 wurde er dort beigesetzt.

[8] Die Hauptinsel des Oki-Archipels trägt, wie die gesamte zugehörige Inselgruppe, den Namen Dōgo 島後.

[9] Go-Daigo 後醍醐天皇 war der 96. Kaiser von Japan. Im Genkō-Krieg 元弘の亂 von 1331 scheiterte sein Versuch, das Kamakura-Shōgunat 鎌倉幕府 zu stürzen. Daraufhin wurde Go-Daigo ins Exil auf die Oki-Inseln verbannt, von wo er im Jahre 1333 entkam. Er sammelte Truppen um sich, besiegte die Shōgunatsarmee und übernahm als Kaiser die Herrschaft über das Land. Sein Versuch, die kaiserliche Macht dauerhaft zu restaurieren, scheiterte nur drei Jahre später. Es begann die Herrschaft der Ashikaga-Shogune 足利幕府 und damit die Muromachi-Zeit 室町時代, die bis 1573 andauerte. Go-Daigo floh nach Yoshino 吉野町, wo er 1339 verstarb.

[10] Nishi-no-shima 西ノ島 ist mit einer Fläche von 56 km² die zweitgrößte Insel des Oki-Archipels. Heute leben dort etwa 3500 Menschen. Die Insel ist bekannt für ihre spektakulären, durch Erosion entstandenen Felsküsten. Die Matengai-Klippen 摩天崖 ragen 257 Meter hoch aus dem Meer. Ganz in der Nähe findet man den Tsūtenkyō-Bogen 通天橋, den Wind und Wellen in den Felsen gegraben haben. Bereits seit der Nara-Zeit (710–794) wurde die Insel als Exilort genutzt.

[11] Hōjō Takatoki 北条高時 (1304–1333) nahm ab 1316 die Position des Regenten, Shikken 執権, für den Tokugawa-Shōgun Prinz Morikuni 守邦親王 ein. Als Gegenspieler des Kaisers Go-Toba im Genkō-Krieg war Hōjō Takatoki im Jahre 1331 für dessen Verbannung auf die Oki-Inseln verantwortlich. Nach der Niederlage gegen die kai-

serliche Armee in der Schlacht von Kamakura im Jahre 1333 beendete Hōjō Takatoki sein Leben durch Suizid. Seine Familie nahm er mit in den Tod. Damit endete die Herrschaftszeit des Hōjō-Clans.

[12] Ein winziges unbewohntes Eiland, 500 Meter vor der südlichen Küste der Hauptinsel Dōgo gelegen, trägt den Namen Kami-shima 神嶋.

[13] Das Gebiet der historischen Provinz Shima 志摩国 lag im Westen der Kii-Halbinsel 紀伊半島 auf Japans Hauptinsel Honshū. Es bestand aus dem südöstlichen Teil der heutigen Präfektur Mie 三重県.

[14] Die bei uns als Seeohr oder Abalone bezeichnete Awabi 鮑 gehört zur Gattung der Schnecken. In Japan wird sie den Muscheln zugeordnet. Dort gilt das Muskelfleisch der Awabi als Delikatesse. Es wird meist roh als Sashimi verzehrt. Aus der Schale der Awabi wird Perlmutt gewonnen.

[15] Seit dem Jahr 2003 ist Akasaki 赤碕 ein Ortsteil von Kotoura 琴浦町. Heute liegt der wichtigste Hafen für Fähren zu den Oki-Inseln in der Stadt Sakaiminato 境港市.

[16] Siehe Anmerkung 7 in "Die Schneefrau".

[17] Das Längenmaß Shaku 尺 ist eine Basiseinheit des japanischen Shakkanhō-Maßsystems 尺貫法. Ein Shaku entspricht 30,3 cm. Die Körperlänge von Yofune-Nushi soll demnach circa 8 Meter betragen haben.

Nachwort des Herausgebers

In Japan hat sich über Jahrhunderte hinweg, unter dem Einfluss historischer Ereignisse und der shintoistischen und buddhistischen Religion, eine große Vielfalt von Mythen und Legenden entwickelt. In einem Land, das immer wieder von schicksalhaften Katastrophen heimgesucht wird, versuchen die Bewohner in eine Traumwelt zu entfliehen, in der übernatürliche Wesen die Geschicke der Menschen bestimmen. In den im Volksglauben überlieferten Geschichten verbreiten Geister, Kobolde und Wandelwesen Angst und Schrecken und bestrafen dadurch diejenigen, die durch ihr Verhalten Schuld auf sich geladen haben. Dabei vermitteln die Erzählungen aber auch eine belehrende Botschaft, um dem Leser den rechten Weg der Tugend zu weisen.

Gerade diese Mythen und Legenden stießen bei westlichen Besuchern, die nach der Öffnung des Landes in der zweiten Hälfte des 19. Jahrhunderts nach Japan gekommen waren, auf besonderes Interesse. Sie nehmen einen erheblichen Teil in deren Schriften ein, die aus dieser Zeit überliefert sind. Am bekanntesten sind die unheimlichen Geschichten, die Lafcadio Hearn zur Jahrhundertwende in seinem Umfeld recherchiert und aufgeschrieben hat. Wenige Jahre danach wurden ähnliche Sammlungen unter anderem von Yei Theodora Ozaki, Frederick Hadland Davis und Richard Gordon Smith zusammengestellt und vorwiegend im englischsprachigen Raum publiziert.

Der Brite Richard Gordon Smith kam 1898 im Alter von 40 Jahren nach Japan. Er stammte aus einer wohlhabenden Familie, die ein herrschaftliches Haus in Ambleside im Nordwesten Englands bewohnt und die Winter meist in Biarritz oder an der französischen Riviera verbracht hatte. Aufgewachsen in einem weltoffenen Umfeld, in dem Reichtum auch ohne harte Arbeit vorhanden war, hatte Richard Gordon Smith es an Motivation missen lassen, eine berufsqualifizierende Ausbildung zu absolvieren. Schon früh galt sein Hauptinteresse der Jagd, dem Fischfang und den Reisen. Die Einkünfte aus den Familienunternehmungen reichten aus, um ein solches Leben auch dauerhaft zu finanzieren. Nach der Hochzeit im Jahre 1879 hatte Richard Gordon Smith einige Jahre in Kanada gelebt, bevor er nach England zurückkehrte. Seine Jagdreisen führten ihn unter anderem in die Pyrenäen, nach Spitzbergen und Madeira. Im Mai 1897 erwarb er ein prächtiges Anwesen in Sussex mit der Absicht, sich dort dauerhaft niederzulassen. Kurz darauf kam es zum Zerwürfnis mit seiner Frau. Scheidungen waren zu dieser Zeit in der englischen Oberschicht verpönt. Richard Gordon Smith zeigte stattdessen eine damals übliche Reaktion – er verkaufte einen Großteil seines Besitzes und verschwand ans andere Ende der Welt. Über Zwischenstationen in Ceylon, Burma, Singapur, Shanghai und Korea erreichte er Japan im Winter des Jahres 1898.

Richard Gordon Smith ließ sich in Kobe nieder, das sich nach der Landesöffnung in den 1850er Jahren innerhalb kürzester Zeit aus einem Fischerdorf zu einer für den internationalen Handel wichtigen Hafenstadt entwickelt hatte. Um 1900 lebten dort etwa 800 Ausländer unter 200.000 Japanern. Auch in seiner neuen Heimat setzte der Engländer seine Aktivitäten zur Jagd und zum Fischfang fort. Bei seinen Reisen durch das Land studierte Richard Gordon Smith die einheimische Fauna und unterstützte fortan das British Museum in London sowie andere Einrichtungen in England, Deutschland und Japan beim Aufbau ihrer naturhistorischen Sammlungen. Zum gleichen Zweck führten ihn Reisen von Japan aus nach Burma und Korea. Auch nach England kehrte er gelegentlich zurück, wo er die Reste seines Besitzes veräußerte, um den finanziellen Verpflichtungen der Familie gegenüber nachzukommen. Nach Ausbruch des Ersten Weltkrieges wollte sich Richard Gordon Smith freiwillig zum Militärdienst melden. Im Alter von 56 Jahren ließ seine körperliche Verfassung dies jedoch nicht zu. Geschwächt von Beriberi- und Malariaerkrankungen starb er 1918 in seiner neuen Heimat Japan.

Richard Gordon Smith hatte seine Erlebnisse in Japan in einem Tagebuch niedergeschrieben, das 1986 in einer kommentierten Version unter dem Titel „The Japan Diaries of Richard Gordon Smith" publiziert wurde.[1]

Auch für die japanische Kunst hatte sich der Brite interessiert und dabei realisiert, dass für ein Verständnis derselben das Studium der japanischen Mythologie unverzichtbar war. Die Schriften von Lafcadio Hearn und Frederick Hadland Davis waren hierbei wohl sehr hilfreich aber für Richard Gordon Smith nicht ausreichend. In Gesprächen mit einfachen Leuten wollte er selbst mehr über den japanischen Volksglauben in Erfahrung bringen. Das

[1] *Manthorpe, Victoria (Hrsg.): The Japan Diaries of Richard Gordon Smith. Harmondsworth. Penguin Books. 1986.*

Sammeln von mündlich überlieferten Legenden wurde zu einer weiteren Leidenschaft von Richard Gordon Smith, die im Jahre 1908 zur Veröffentlichung seines Werkes „Ancient Tales and Folklore of Japan" im britischen Verlag A & C Black führte.

Wie Lafcadio Hearn und Yei Theodora Ozaki hatte Richard Gordon Smith eine besondere Vorliebe für unheimliche Geschichten, in denen Geister, Fabelwesen und monströse Gestalten eine Schlüsselrolle spielen. Dabei ist seine Interpretation des Volksglaubens eine andere als die von Lafcadio Hearn. So findet man in Smiths Tagebucheintragung vom 24. Januar 1906 einen Dialog mit seinem Gärtner zur Schneefrau *Yuki Onna* und seine eher rationale Erklärung der vermeintlich übernatürlichen Erscheinung:

> „‚Habt Ihr jemals die Yuki Onna gesehen?', fragte ich ihn. Nein, er hatte sie noch nie gesehen, aber in der Nähe von Hida, seinem Dorf, gab es viele Leute, die sie [...] gesehen haben wollten. ‚Haben die Leute Angst vor ihr?', fragte ich. ‚Nein, sie richtet keinen Schaden an, aber wenn man sie sieht, beginnt man zu frieren, denn man sieht sie nur, wenn ein kräftiger Wind weht. [...]' [...] Meiner Meinung nach glauben die Leute nicht, dass es sich bei der Yuki Onna um einen Geist handelt, wie Lafcadio Hearn behauptet. Vielmehr scheint sie die phantasievoll poetische Beschreibung eines Phänomens zu sein. Ich selbst habe Tausende und Abertausende von Yuki Onnas gesehen, auf den Seen Nordkanadas, in Korea und an anderen Orten. Eine hübsche Idee, denn was kann den durch Wind aufgewirbelten Schnee besser beschreiben, als eine geisterhafte, in Weiß gehüllte Frau?"[2]

Bei einer genaueren Betrachtung der Geschichten von Richard Gordon Smith wird offensichtlich, dass er nicht mit schriftlichen Vorlagen gearbeitet, sondern seine Kenntnisse aus mündlichen Überlieferungen erlangt hat. Die fehlerhafte Schreibweise von Orten und Namen und auch die inkorrekte Datierung von Ereignissen sind ein Beleg hierfür. Doch gerade dies macht den besonderen Charme seiner Sammlung aus, zeigt sich doch dadurch die Unbeholfenheit eines Europäers, der auch nach mehrjährigem Aufenthalt in Japan noch Schwierigkeiten hatte, die komplexen Gegebenheiten in seinem Gastland korrekt zu sortieren und zu interpretieren. Die Anmerkungen des Herausgebers sollen dem Leser helfen, die in den Geschichten geschilderten

---

[2] Zitat aus ebd., S. 194.

Ereignisse in den historischen, geografischen und landeskundlichen Kontext einzuordnen.

Die achtzehn besten unheimlichen Geschichten aus der Sammlung von Richard Gordon Smith erscheinen in dem vorliegenden Band erstmals in deutscher Sprache.

Klaus Lerch — Kaarst, im August 2021

Bildnachweis

Titelseite: Ōiwa Jōchin 大岩常珍 (Ōiwa, der Laternengeist), Farbholzschnitt von Utagawa Kuniyoshi 歌川国芳, 1848

Lafcadio Hearn

Kwaidan

Seltsame Geschichten und Studien aus Japan

Broschur
124 Seiten
20 S/W-Abbildungen
ISBN 978-3-945058-04-6

Die Geschichte von Mimi-Nashi-Hōichi

Von einem Spiegel und einer Glocke

Ein begrabenes Geheimnis

Yuki Onna

Der Traum Akinosukes

und viele mehr

Kopflose Dämonen, Geister toter Krieger und unheilbringende Fabelwesen treffen auf ehrenhafte Samurai, weise Mönche und tapfere Bürger aus dem Land der aufgehenden Sonne.

Lafcadio Hearns Interpretationen japanischer Mythen und Legenden sind schauerlich unterhaltsam. Zugleich vermitteln sie dem Leser ein tiefes Verständnis von Wertvorstellung und Tradition im alten Japan.

Edition Hearn

In der Reihe EDITION HEARN werden ausgewählte Werke von Lafcadio Hearn veröffentlicht. Der Schriftsteller griechisch-irischer Abstammung lebte von 1890 bis zu seinem Tod im Jahre 1904 in Japan. Durch seine Werke wurde das westliche Bild von Japan Anfang des 20. Jahrhunderts entscheidend geprägt.

Auch heute noch gilt Lafcadio Hearn im Land der aufgehenden Sonne als der Ausländer, der die japanische Kultur und Lebensweise am tiefgründigsten verstanden und beschrieben hat.

Lafcadio Hearn
Kwaidan
Seltsame Geschichten und Studien aus Japan
Broschur, 124 Seiten, 20 S/W-Abbildungen

Lafcadio Hearn
Die Versöhnung des Samurai
Unheimliche Geschichten aus Japan
Broschur, 112 Seiten, 2 Seiten Farbdruck, 13 S/W-Abbildungen

Lafcadio Hearn
Japan – Ein Deutungsversuch
Broschur, 303 Seiten

Lafcadio Hearn
Die Geisterkaskade
Seltsame Geschichten aus Japan
Broschur, 128 Seiten, 13 S/W-Abbildungen
